中小企业经营之道

编著：傅和彦（台湾）

厦门大学出版社

图书在版编目(CIP)数据
中小企业经营之道—突破中小企发展瓶颈——傅和彦编著． －厦门：厦门大学出版社，2013.4
（福友现代实用企业管理书系／林荣瑞主编）
ISBN 978-7-5615-2713-9
Ⅰ.中… Ⅱ.傅… Ⅲ.中小企业－企业管理 Ⅳ.F276.3
中国版本图书馆CIP数据核字(2007)第008792号

中小企业经营之道
福友现代实用企管书系㉘
编著／傅和彦（台湾）

企划／**厦门福友企业管理顾问有限公司**
电话：0592-2395581(总机) 传真：0592-2396530 2395580
http://www.foryou.tw.cn E-mail:xm@foryou.tw.cn

出版社／厦门大学出版社
地址：厦门大学 邮编：361005
http://www.xmupress.com E-mail:xmup@public.xm.fj.cn
责任编辑／许红兵
封面设计／林呈美

印刷／厦门金凯龙印刷有限公司
2013年4月第4版 2013年4月第5次印刷
开本：850 × 1168 1/32 印张：8.625
字数：230千字 插页：2
定价：40.00元

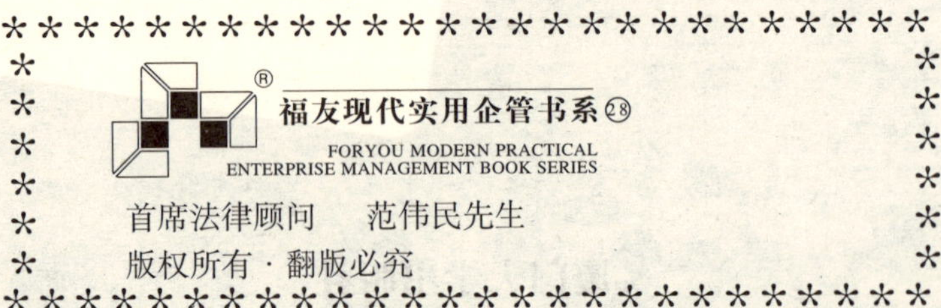

出版序

我国中小企业正处在快速成长时期。近几年，中小企业如雨后春笋般遍植中国大陆。有数据显示：截至2006年10月，我国中小企业总数已达4 200多万家，占全国企业总数的99.8%。中小企业业已成为国民经济和社会发展的重要力量。

大陆中小企业多为自主创业，企业主大多是白手起家，靠自己的实践和摸索来经营管理，又加之竞争加剧、优胜劣汰加快等原因，在发展中难免遇到诸多管理问题。管理问题解决得好，企业便得以维系发展;解决不好，容易出现经营危机，这也是目前我国中小企业的平均寿命由5.7年缩短到2.4年的重要原因!

笔者经营福友企业管理顾问有限公司，在国内从事企业指导的工作十多年，纵观中小企业存在的问题，主要有以下几个方面:有的企业在景气的时候扩充过度、管理滞后，造成日后危机;有的在不景气时饱受原料、人工成本不断上涨的压力而濒于破产边缘;有的则受到同行业的竞争，营运艰难。

那么，在外有大企业压制，内有管理问题牵制的经营环境中，中小企业经营者要如何应对呢？首先，势必要改变只依靠努力与运气的经营观念，重视并强化经营计划与日常管理活动。其次，在稳定经营之后应逐步重视战略规划，更应适当借助专业顾问公司的力量，培养一支中基层管理中坚干部队伍，为企业日后发展壮大、永续经营做准备。

出版序

中小企业经营之道同大企业的经营之道相比，虽有不少相同之处，但是绝不可照本宣科。中小企业经营自有特色，本书从经营者关心的中小企业如何突破发展瓶颈、大幅提升利润、成功迈向大企业等问题入手加以剖析，并介绍了应如何进行系统性经营管理，在实现稳定经营后，如何进行战略性经营，以逐步迈向大企业。

值得一提的是，本书穿插了许多作者从事顾问辅导的所见所感及实务案例，借此抛砖引玉，解决中小企业之经营管理难题。本书还专辟第十一篇汇集五篇《中小企业管理研究报告》，这五篇研究报告均出自台湾著名学者专家之手，借鉴性极高。

“福友现代实用企管书系”已陆续出版了傅和彦先生《供应厂商管理》、《工厂管理》、《现代物料管理》和《生产计划与管制》等叫好又叫座的作品。作者拥有30余年工商企业管理的实务经验，且近20年来一直从事经营管理顾问工作，深谙中小企业经营管理之道，其书籍也以务实和高效见长，定能满足企业经营者的急迫所需。

建议中小企业经营者在研读此书时，可结合傅和彦先生的《工厂管理》、《现代物料管理》等其他专著，相信将更有助益。

福友承诺——

与您分享的绝对是好东西！

林荣瑞

2007年3月于厦门

目录

目录

目录

目录

目录

第一篇

中小企业的本质

一、何谓中小企业

二、中小企业发展现状及趋势

三、中小企业对社会的贡献

一、何谓中小企业

在探讨中小企业经营之道前，我们要先了解什么样的企业才是中小企业，若不了解中小企业为何物，而侈谈其经营之道，则是徒劳无功的。中小企业是相对的概念而非绝对的概念。中小企业与大型企业比较，它是小企业；若与更小的企业比较，则它又是一个大企业。

中小企业这个概念的关键在“中小”两个字眼上。其最早的定义见于法国中小企业联合会1946年的纲领：“中小企业是这样的企业，其领导人亲自承担企业的财务、技术、社会和道德责任，而不管这种企业的法律形式如何。”这一定义强调的是企业所有权和领导权，而未界定规模。欧洲统一大市场后，欧洲对中小企业定义为：“雇工不多于250人，年营业额不超过2 000万欧元，其资本最多25%由不符合这一定义的另外一家或多家企业所占有的企业为中型企业”；“雇工不超过50人，年营业额不超过500万欧元或资产负债不超过200万欧元，其资本最多25%由不符合这一定义的另一家或多家企业所占有的企业为小型企业。”

目前，国内学者对中小企业的含义主要从规模角度去理解：独立经营、形式多样，相对大企业来说经营规模比较小，在本行业中不居于市场支配或者主导地位的经济单位称为中小企业。

中国大陆长期以来对企业分类采用的是所有制标准。1988年才首次由国家经贸委牵头六部委联合制定了现行企业划分标准，即按生产能力、固定资产原值等标准对企业进行划分归类的。但由于指标较散，以后可能需要考虑依照企业的资产总额、销售额对企业进行划分。同时按国际惯例往往还应包括企业的从业人数。此外，在对企业进行划分时，除了确认有关标准外，还应考虑行业的特点。企业所处行业不同，其规模在划分上差距也会很大，如纺织、轻工、化工企业和钢铁企业相比就差得很多。目前有关部门正在考虑以 5 000 万元为限，资产总额在 5 000 万元以下的，为小企业；5 000 万元到 5 亿元的，为中型企业；5 亿元到 50 亿元的，为大企业；50 亿元以上的，属于特大型企业。显然，如果能够尽快实施这一统一的分类标准，有助于人们真实全面地了解中小企业的情况，并为相关政策的制定和实施提供依据。

在考虑中小企业划分标准之后，国家也开始着手制定相关的政策法规。

1999 年 3 月，全国人民代表大会对宪法作了重要修改。认为非国有经济不再只是“社会主义市场经济的补充”，而是“社会主义市场经济的重要组成部分”。

1999 年 4 月 8 日，全国人大财经委员会根据第九届全国人大的立法规划，决定成立《中小企业促进法》起草领导小组、顾问小组和起草工作小组。

1999 年 4 月至 2000 年 12 月，由国家经贸委负责起草《中小企业促进法大纲》，并在征求各方面意见的基础上形成了《中小企业促进法》（讨论稿）上报全国人大财经委。

1999 年 5 月，全国人大财经委在厦门首次召开《中国中小企业促进法》国际研讨会，就该法的主要内容进行了初步探讨。

2000 年 7 月，在国内外广泛调研、反复论证的基础上，国家经贸委政策法规司和中小企业司共同起草了《中华人民共和国中小企业促进法》(讨论稿)。2002年6月29日第九届全国人民代表大会常务委员会第二十八次会议通过该法并于2003年1月1日起生效。但是该法如何与《公司法》、《乡镇企业法》及《个人独资企业法》等法律衔接和协调，还需进一步讨论。

二、中小企业发展现状及趋势

1. 中小企业发展现状

根据中小企业主管部门提供的数据，截至2006年10月，中国中小企业总数已达4 200多万家，占全国企业总数的99.8%。中小企业创造的最终产品与服务价值、出口总额和上缴税收，分别占总数的58%、68.3%和50%左右。中小企业提供了75%的城镇就业机会，1978－1996年间从农村转移出的2亿劳动力大多数在中小企业就业。

中小企业在经济生活中的重要性，不仅反映在总量数据上，更反映在经济生活的层次性上。一般来说，大型企业主要集中在大中城市，而在小城市、县城及县以下，通常很少有大型企业。正因为这样，在生活着10亿以上人口的县及县以下广大地区，大力发展中小企业，就具有极大的现实必要性。一个时期以来，相当一部分县经济不景气、财政困难、农民负担沉重等问题日益严重，主要原因也在于这些地区既没有什么大型企业，又没能发展起中小企业。显然，县及县以下，中小企业的发展具有十分重要的意义。

中小企业在经济发展程度不同地区的产业构成，受多方面因素的影响。首先，中小企业的优势行业与地区的地理位置和经济优势有关。具有成本比较优势的纺织服装业、轻工业，在发达地区的比例明显高于欠发达地区。其次，中小企业的优势行业与长期以来国家的产业布局和区域政策有关。不发达地区化工、建材、冶金行业的比例高于发达地区。其次，中小企业的优势行业与行业的技术含量有关。技术含量比较高的机械业、电子及仪表业在发达地区的比例明显高于其他较不发达地区。此外，从产业结构的布局来看，专业化分工越细，中小企业产业聚集度越高，地区经济越有活力，就越容易形成中小企业群。中小企业群发展能够形成规模化效应，降低成本，形成整体竞争力。

中小企业的盈利水平，在不同地区存在着明显的差异。越是经济发达地区，中小企业的盈利水平越高；越是经济不发达地区，中小企业盈利水平越低。就企业创新能力来看，越是经济发达地区，中小企业的技术创新能力越强；而地区经济越不发达则中小企业的技术创新能力越弱。就发展状况来看，越是经济发达地区，中小企业发展越好，而越是经济不发达地区，中小企业发展越差，越需要社会的关注和政府的扶持。

应该看到，从我国中小企业的内部环境看，企业技术水平偏低、盈利能力不高、企业创新能力不足、技术人才短缺等是中小企业缺乏竞争力的共性问题。

2. 中小企业发展趋势

我国中小企业正处在快速成长时期，尤其是占民营经济绝大多数的中小企业，其规模和实力正在迅速提升，在国民经济中占有越来越重要的地位。

(1) 中小企业数量将有一个大的发展

第一，随着国家政策调整，除了关系国计民生的特殊行业外，中小企业都可以进入，产业进入门槛大大降低。第二，西部大开发的规划和相应的优惠政策，将为中小企业发展提供广阔的舞台；振兴东北老工业基地，也会为中小企业提供很多机会。第三，国家实施发展小城镇战略，而发展小城镇将主要依靠中小企业的投资。第四，《中小企业促进法》将刺激更多的中小企业产生和发展。

我国中小企业仅 2000－2003 年 4 年间就新增企业 44 989 家，新增企业占全部样本企业的比重高达 34.8%。4 年间，我国中小企业销售额、利润额、资产总额的增长分别达到了 1 368.1 万元、58.54 万元和 1 219.34 万元。有关数据表明，我国中小企业正处于快速成长时期，经济呈现出越来越强劲的发展势头。

(2) 中小企业技术水平逐渐提高

越来越多的中小企业认识到，技术水平已经成为限制中小企业提高产业竞争力的关键因素。信息技术的发展，相对减弱了信息的不对称，消除了大型企业长期积累起来的以技术优势为主体的市场进入壁垒，使得中小企业在许多技术方面特别是技术运用方面与它们站在了同一条起跑线上，通过利用信息技术所形成的强大学习能力，在较短的时间里，获得了最新的技术和知识、经验和信息资源，并进行技术创新以获取“后发优势”。

(3) 中小企业的素质将得到更大程度的提高

WTO过渡期结束后，国内企业尤其是中小企业将面临更加激烈的竞争压力，从而促使企业提高自身素质，以增强竞争力。一方面是产权制度和治理制度的变革。中小企业大部分是家族企业，家族企业要实现持续快速发展，必须进行现代企业制度改革。通过吸纳更多的投资主体，可以实现多元产权主体相互制衡、相互激励的治理机制。另一方面是内部管理制度的变革。通过建立有效的薪酬制度、管理信息化、加强营销管理和财务管理，以完成由家长式管理向科学管理的转变。另外，这些企业中将会形成更多的上市公司，而公司上市也会促使其改善治理结构，约束自身行为，关注投资者及其他权益相关者的利益。

(4) “区域联合”已经成为中小企业的发展趋势

对于那些期望走国际路线，计划向国际市场发展的企业来说，无论是市场渠道还是媒介，他们都选择大一统的策略。但这样的企业不到中国企业总数的10%，而80%以上的中国企业主要是在区域经济内发展，区域市场是其所关注的重点，这就促进了区域联合形式的诞生。

特色区域是聚合的“簇群经济”形态。众多围绕一个产业的相关企业(主要是中小企业)聚集在一个区域，形成一个特色产业群体：其经营便利，成本低廉，产业链完整，产业环境高效。例如，广东中山市古镇是“中国灯饰之都”，浙江省许多市、县、镇的特色区域获得国家级授名，形成了众多“块状”经济，仅温州市就形成了24个国家级的特色区域，其中“中国鞋都”、“中国电器之都”产值规模均达几百亿元。在新的市场经济条件下，蓬勃发展的特色经济区域，对地方经济发展的作用与贡献愈来愈显著。

三、中小企业对社会的贡献

1. 保持经济活力，促进经济增长

在整个社会的工商经济活动中，中小企业扮演着相当重要的角色。大企业提供数量多、营业额大、较一般大众化的服务，而数量少、营业额小、特殊性及时间紧迫的服务均落在中小企业上。因此不管时代的巨轮如何前进，经济如何变迁，中小企业仍然有其存在的价值。

日前在北京发布的“第三类财富——中国‘200佳’高速成长中小企业”首期调研结果显示，在中国134.6万家工业企业中，中小企业占99.8%，创造的产值占全国工业总产值的60%、销售收入的57%、出口总额的60%，对GDP增长的贡献已达到50%以上。

2. 提供更多就业岗位，促进社会稳定

近年来，工商企业提供的就业机会约占全社会的75%，中国从农业部门转移出来的劳动力绝大多数在这类企业就业。

中小企业提供了至少3 500万个就业机会。尤其在当前我国就业形势日益严峻的局面下，中小企业所创造的就业机会具有重要意义。

就业问题是我国长期都将面临的大问题，因此，即使今后我国就业形势有所缓解，也不可忽视中小企业提供就业机会的重要作用。

3. 深化社会生产专业分工，促进大企业发展

大企业都是由中小企业发展而来的，正所谓“万丈高楼平地起”，大企业创业伊始，绝大部分是中小企业。另外，大企业若缺乏中小企业将无法生存。大企业的存在，本身除了必须依赖许许多多供应厂商供料外，还要依赖经销商及零售商才能将产品推销出去，而这些供应厂商、经销商、零售店往往都是中小企业。

因此，中小企业的发展，可以深化社会生产专业分工，促进大企业发展。分工和专业化的发展是经济效率的重要源泉。随着经济技术全球化进程的推进，中小企业与大企业之间的联合与合作不断扩大与深化，一国产业要获得竞争优势，仅靠大企业是不够的，更需要扎根于中小企业集群。当前发达国家制造业的发展趋势是，大企业进一步向品牌、研究与开发、市场营销能力等核心能力和业务领域集中，形成竞争优势；小企业逐步向“专、精、特、新”方向发展，进入大企业产业链，形成与大企业的协作配套关系。

4. 促进对外贸易的发展

对于我国这样的发展中国家而言，中小企业的国际化经营在两方面具备突出的作用。一方面，中国是一个经济资源禀赋极不均衡的国度，劳动力资源明显过剩，而其他主要的经济资源明显不足。而劳动

力资源一个最大的特点则是，如果不能给劳动力提供就业机会，劳动力就不仅不能成为“资源”，反而会成为需要不断消耗生存资源的人口负担。外向型的中小企业恰恰解决了大量就业问题，通过出口劳动力密集型产品换回我国所短缺的其他经济资源。另一方面，对外贸易对于发展中国家最大的作用，就是可以用较低的成本在较短的时间里实现技术追赶，缩小与发达国家的差距。

近年来，在国民经济持续、快速发展的利好形势下，中小企业得到了长足发展，一大批机制灵活、管理先进、业绩优良的中小企业在激烈的市场竞争环境中脱颖而出，成为极具发展潜力的成长性企业。同时，中小企业的健康发展也为社会的全面发展提供了有力保障。

重点提示

1．“兼听则明，偏听则暗”，您是否了解中小企业发展的优势和趋势呢？贵公司的发展方针又有何特色？

2．您是否熟悉《中华人民共和国中小企业促进法》这部帮助改善中小企业经营环境、促进中小企业健康发展的法律？如不熟悉，您可翻阅本书附录，它关系到您的切身利益。

3．中国加入WTO已有5个年头了，WTO过渡期结束后，中小企业面临的竞争更加激烈，您是否也感到自己经营的企业越来越困难？那么如何才能找出一条让自己的企业脱离竞争，也即无人竞争的发展之路呢？

4．目前中小企业正在向哪四大方向发展？您是否抓住了这些方向，准备大展宏图？

阅读心得 ____________________

____

____

____

计划和改善的方向 ____________________

____

____

第二篇

竞争激烈的企业外部环境

一、面临外在困境

二、面临大企业的竞争

三、发挥特长，应对挑战

中小企业规模较小，因而企业外界环境的变化（不论是政府政策、社会现象、经济现象或同业市场引起的激烈竞争）对中小企业的影响较大型企业更深远、更宏大。当然，大企业同样也会遇到这些变迁的影响，但大企业因为本身具有雄厚的实力，所以容易突破逆境、克服环境、另创时机，其潜力不容忽视。而中小企业本身力量薄弱，对外在环境的变化，往往只能随遇而安，逆来顺受。若能及早预知，趋吉避凶则是上策。

一、面临外在困境

中小企业本身必须深刻认识到外在环境所带来的困境。一般来说，中小企业所面临的外在重大困境如下：

● 由于经济进步，世界各国人民收入普遍提高。随着收入的增长，不管国内市场还是国外市场，消费者生活水平越来越高，对产品的品质要求也越来越严格。若产品的品质不提高，客户对产品的品质抱怨会越来越多。为防止产品产生滞销现象，企业需不断提高产品品质，进而带来投入加大，这样经营者会感到成本越来越高，企业越来越难以经营。

● 能源危机以来，产油输出国经常随意抬高油价，造成世界性物价波动与不景气，企业一方面饱受原材料成本与薪资水平上涨的压力，另一方面由于市场受油价抬高的打击，因而其经营将面临严重的困境。

● 由于市场竞争日益激烈，许多产品被迫降价销售，也有些产品在原料成本大幅上涨的挤压下却不得不价格不涨或涨幅很小，从而使产品的利润率（销售额）越来越低。经营者面临这种情形，会感到经营一年比一年困难。

● 近年来经济发展迅速，企业盛行用高薪对外“挖墙角”，并且定期性调整员工薪资。调整薪资的幅度视企业效益各不相同，大致来说盈利多的企业调整幅度较大，而不盈利的企业调整幅度较小。若员工薪资调整幅度过小，则员工流动率会增加。

● 发达国家对我国产品外销的限制，使许多产品（如纺织品）外销面临重大困难。若不从产品的品质与价格方面突破，经营可能会面临重大的困境。

面临以上种种困难，中小企业经营者势必感到越来越难以经营。中小企业经营不良而处于困境的例子，时有所闻。

“售价在降低”、“客户品质意识在不断提高”、“员工薪资在上调”、“员工流动率大”、“原料成本在增加”、“国际市场竞争激烈”等等，这些都会造成企业经营上的重大压力。

二、面临大企业的竞争

中小企业另一个最大的外在困境在于大型企业的竞争。在“物竞天择，适者生存”的市场经济下，竞争是可贵的进步的原动力。但就中小企业经营而言，面对大企业的激烈竞争，中小企业面临生存的压力。中小企业经营者若能仔细研究大型企业对中小企业的竞争方式，并事先洞悉，就能随机应变，应对得宜，业绩与利润扶摇直上。市场竞争无处不在，大企业的市场营运活动，对中小企业自然构成威胁，其情形如下：

1．**价格领导与决定**

大企业在市场上所扮演的角色是价格的领导者与决定者。中小企业只是价格的跟随者，由于其企业本身规模小，对市场的价格没有决定权，只能追随大企业所决定的价格。而大企业决定价格当然先考虑自身的条件。大企业因大量生产而成本低廉，所确定的价格往往非订货生产且成本较高的中小企业所能竞争。于是成本较高昂的中小企业，若无其他特色，在市场竞争或企业经营方面就显得格外艰辛。

2．**综合条件优于中小企业**

大企业具有设备优、效率高、成本低、技术精、品质良、销售网广泛等优势。中小企业若不避其锋芒，与大企业短兵相接竞争起来，实在困苦不堪。

3．**原料的垄断**

在制造业中，中小企业大多为下游加工业，而原料业是大企业的大规模经营。不少大企业采用一体化经营，生产部分原料，也采购部分原料进行再加工。在这种情况下，下游加工业的中小企业其原料来源常被大企业垄断，缺乏竞争力。

比如20世纪末期，大型塑胶原料生产厂面临石油涨价的压力，为转嫁成本，将原料售价提高15%～20%，为避免受到下游塑料加工厂倒账所累，进一步将票期由两个月缩短至一个月。而下游加工厂面临原料涨价的困境，本想对外提高报价，但价格一提高，国外客户会被价格低廉的外国厂商抢走。于是在抬高售价客户会跑掉，不抬高售价又无法消化原料成本大幅调升的双重困境下，许多下游中小企业加工厂经营倍感艰辛，其中不乏被迫歇业的例子。

4. 大型企业的营销部门组织健全

大型企业营销阵容庞大，营销力量强大，而且销售量大，广告费占产品销售额的比率低。而中小企业营销组织与阵容较弱，资金又有限，往往负担不起庞大的广告费。

5. 中小企业人才流向大企业

一般而言，中小企业薪资的支付能力比大企业低，中小企业管理层薪资比大企业同级低得多。因此在中小企业服务的管理层有经验后，一大部分设法往大企业流动，以获取较高的薪资、较稳定的工作岗位与工作环境。人才的流失，对中小企业来说无疑是一大困扰。

三、发挥特长，应对挑战

中小企业面对激烈的市场竞争，其艰辛可想而知。因此中小企业应根据本身固有的特点，扬长避短，方能奋起有为，业绩蒸蒸日上。

1. 寻找大企业品牌较弱的市场空间

对很多中小企业而言，由于资源所限，要像大企业一样大规模进军市场并不容易，因此必须寻找大企业品牌较弱的市场空间。比如香港美丽宝国际控股有限公司从1997年初开始，在内地以自营皮鞋店为主的方式拓展市场，目前的店铺数目增长到近60家。美丽宝的经营者认为，国内的零售市场竞争虽然激烈，但仍然有巨大的发展潜力，中小企业在面对大企业的竞争时千万不要冲动，必须先谨慎筹备，最重要的是发掘自己产品的独特性，避重就轻，集中发展大企业品牌较弱的市场空间。

2. 抓住有用信息，获得竞争优势

信息是生产要素的重要组成部分，对企业竞争力的形成和提高具有非常重要的影响，在一定条件下甚至还是最重要的和决定性的因素。中小企业要发挥灵活的特点，掌握并抓住有用信息，这样就会比其他企业先行一步占领市场，获得先发竞争优势。从这个角度上说，信息既是生产力，也是竞争力。

比如宝石集团是一家以生产各种用途缝纫机为主的民营企业。该企业老总从1993年的广州商品交易会上得到信息，说巴西需要一批缝纫机。经过谈判，他拿到了首批5万美金的订货单。订单数量虽然并不大，但他不嫌少，而是在拿到订单后，带着订单跑到了巴西，在那里实地进行市场考察。考察后他发现巴西人不仅需要缝纫机，更喜欢宝石，尤其喜欢红宝石。于是，他决定用“宝石”命名自己的企业，并以“宝石”命名本企业的产品。结果，产品一经推出即受到巴西人的欢迎，从而市场大开。目前，宝石集团已在海外建立了29个分公司和代理公司，2003年集团销售收入达5.5亿元人民币，当年实现出口创汇4 705万美元。

3．突出特色经营，明确战略定位

特色战略是根据中小企业经营范围狭窄，比较容易接近顾客而制定的一种战略。中小企业在生产经营过程中，通过技术开发和工艺创新可以取得具有新颖性、先进性和实用性的科技成果:或设计出新结构、新规格、新样式的产品，或生产出具有独特技艺或配方的老字号产品，或由于提供特殊的销售服务具有一定信誉等，这些都可以使中小企业的产品或服务与众不同，从而以独特优势取得竞争的主动权。

个性是中小企业生存的基本，在市场中丧失个性就无法生存，这就是市场竞争的残酷法则。因此，中小企业在实施创新的过程中，有必要采取特色战略，将市场定位于个性化、独特化的产品领域，生产和经营差别化的产品，并采用富有特色的营销手段和优势营销来重塑其市场竞争力。中小企业应根据市场变化的情况和自己的经营特点，集中兵力于细分市场，开发独特和多样化的产品以满足顾客个性化、多元化的需求，一旦中小企业通过精细耕耘区域市场，树立了自己的经营特色，就能博得顾客的信任，赢得竞争优势，并能获得长期稳定的发展。

4．发挥地缘优势，强化服务功能

中小企业经营灵活，个性化特点突出，更能适应本地区的情况，这些特点是大企业不能模仿的。所以，中小企业必须有一个冷静的战略定位，其中包括区域要集中，不要辐射太散，要在当地占领领先地位。中小企业由于对当地情况比较了解，所以较容易在本地市场占据主导地位，拥有一定的忠诚客户。

很多中小型企业在发展过程中，往往忽视在局部保持竞争优势，盲目追求大和全，从而导致局部竞争优势的丧失进而经营失败。国内红高粱快餐连锁经营就是一个例子。最早的红高粱快餐店成立于郑州，其经营方式受到当地消费者的认可，但转变成连锁经营后，竞争的核心转移到企业的管理能力和财务能力上，而在这方面“红高粱”缺乏优势，结果导致企业的全面崩溃。

中小企业必须在局部市场中具有独特优势。一个社区中的餐厅可能没有高超的烹饪技术和豪华的装饰，但它可能在对社区消费者口味的了解方面独具长处，而且在价格、营业时间的安排、顾客亲和力等方面比大型餐厅做得更好，这就足以在局部市场上形成独特的竞争优势，立于不败之地。

中小企业还必须增强服务功能，构建社会化的服务体系。中小企业自身的缺陷和弱点，呼唤其在提升竞争力过程中完善社会化服务。应注重加强行业协会建设，及时研究解决行业发展中的突出问题，增强行业协会的服务功能；抓紧发展服务组织和机构，一方面继续支持发展各类中小企业服务组织，另一方面扶持具有带动力的服务机构加快发展，推进专业化服务水平的提高。必须坚持创新，不断丰富和完善服务体系建设内容，如信息网络体系、中介服务体系、行业互助体系等等，满足中小企业对服务的多样化需求。

重点提示

1．您现在不妨拿支笔出来在下面的“阅读心得”中列举出自己企业所面临的外在困境，主动出击解决，才是企业长期生存之道。

2．同大企业竞争如果“硬碰硬”，最后往往是小企业头破血流，唯有扬长避短，发展大企业较弱的市场空间才是明智之举，您的企业是否有自己突出的经营特色呢？

3．宝石集团的案例，对您有什么启示呢？机会永远垂青于有准备的人，该如何发挥中小企业灵活的特点，先行一步洞察商机呢？

4．发挥地缘优势，强化服务功能的内涵有哪些？

阅读心得＿＿＿＿＿＿＿＿＿＿＿＿＿＿＿＿＿＿＿＿＿＿

＿＿＿＿＿＿＿＿＿＿＿＿＿＿＿＿＿＿＿＿＿＿＿＿＿＿

＿＿＿＿＿＿＿＿＿＿＿＿＿＿＿＿＿＿＿＿＿＿＿＿＿＿

＿＿＿＿＿＿＿＿＿＿＿＿＿＿＿＿＿＿＿＿＿＿＿＿＿＿

计划和改善的方向＿＿＿＿＿＿＿＿＿＿＿＿＿＿＿＿＿＿

＿＿＿＿＿＿＿＿＿＿＿＿＿＿＿＿＿＿＿＿＿＿＿＿＿＿

＿＿＿＿＿＿＿＿＿＿＿＿＿＿＿＿＿＿＿＿＿＿＿＿＿＿

＿＿＿＿＿＿＿＿＿＿＿＿＿＿＿＿＿＿＿＿＿＿＿＿＿＿

第三篇

危机四伏的内在经营困境

一、不踏出错误的第一步

二、中小企业创业的条件

三、股东问题与股东约束

四、确立经营方针与经营计划

五、改良式的家族企业

六、慎选企业四大支柱

七、中小企业老板应具备的素质

八、走有特色的经营路线

九、避免单一化的经营

十、经营绩效要保密

与大企业比起来，中小企业规模较小，本身经营面临困境。这种困境并非绝对，且通常又由本身所引起。所谓“谋事在人”，只要中小企业经营者善于经营管理上的安排，这些困境自会烟消云散。反之，这些困境就会一直存在。“冰冻三尺，非一日之寒”，长此以往，自然会危及企业的经营。

本篇将逐一列举出中小企业常见的内在困境，分别加以剖析，以供中小企业参考与运用。

一、不踏出错误的第一步

许多中小企业在创业时已经患了严重的“先天不足”。许多人一心只想创业，而忽略了创业应具备的条件。在恶劣条件下，中小企业在创业时踏出了错误的第一步，结果“一步错，步步错”，使中小企业经营陷入泥沼。

为了避免“踏出错误的第一步”，创业投资的可行性分析十分重要。“女怕嫁错郎，男怕选错行”，而企业最怕创业投资错误。大企业的投资，着重于产销分析和利润及投资报酬分析。而中小企业的创业，除了创业者本身对产品的产销很内行外，还要注意资金条件、人员条件以及市场竞争条件。各种条件衡量后再考虑创业，才能确保万无一失。

曾有一位金属加工业的老板通过长途电话找到笔者后，便迫不及待地问道：“您能不能使我的企业起死回生？”像这样突如其来的问题，笔者当时还是第一次遇到。

于是在电话中相约后，这位老板到公司来找笔者。他像受到什么严重打击似的，面容十分憔悴，称其企业处于垂危边缘，狼狈可想而知。

原来这位老板是卖地创业，实收资本200万。但两年后便将所有资本亏损殆尽。其创业动机是“别人当老板，我也要当老板”。创业动机错误，而且卖地创业的方法也错误，住宅用地会增值，卖地创业得不偿失。像这样连续踏出错误的两大步，使得这家企业从此一蹶不振。

说真的，像这位老板不知道如何经营企业，也没有当老板的个性，最好还是不要当老板为妙！其实，经营事业是十分冒险的，因此在创业之前，必须先充实一下必备的条件，否则是十分危险的事。这些条件不外乎：产品知识、市场状况、资金筹措与调度、经营管理能力、产品的推广力与生产力、物料供应来源、人才召集等等。若只看到人家当老板赚钱，也想东施效颦，实非智者之举。

日本过去十年间44%的企业仅够称为成长企业，其余56%当中，有20%的企业成长极低，而36%的企业逃避不了倒闭的厄运，在不景气的时候，日本企业平均每月倒闭1 000多家。美国能保持十年快速成长的企业仅有15%，其余85%当中，45%的企业勉强维持平均成长，25%的企业成长率低于平均数，15%的企业消失得无影无踪。

企业经营不善，原因很多。某报社曾采访570家经营不善的企业经营者及其往来的金融机构，通过研究企业经营不善的原因，发现企业经营者与金融机构的看法稍为不同，如图表3－1所示。

图表3－1

经营不善的原因	经营者的意见(%)	金融机构的意见(%)	两者平均(%)
经营能力不足	7.60	24.80	16.20
不景气	18.30	12.20	15.25
资金不足	13.00	13.80	13.40
家庭不和	9.50	11.80	10.65
不良贷款	8.00	7.40	7.70
竞争激烈	10.20	3.80	7.00
资产价值降低	8.50	2.40	5.45
经营者不诚实	——	10.0	5.00
间接费用过多	6.50	3.70	5.25
扩张过度	2.80	3.00	2.90
投机失败	3.10	2.40	2.75
立地不当	3.90	1.10	2.50
利息过重	3.00	0.90	1.95
市场恶化	3.00	0.80	1.90

从图表3－1我们可以看出，企业经营不善最主要的原因有四个，分别为:经营能力不足、不景气、资金不足、家庭不和。经营企业及想投资创业的朋友，从以上分析，就可知道企业经营不是闹着玩的，必须先具备经营实力，准备好冲破困境的勇气。

投资创业固然能增加就业机会，创造GDP，然而条件不足冒然投资创业，只能害人害已。笔者提醒想创业的朋友们，应慎重踏出企业经营的第一步!

二、中小企业创业的条件

俗语说得好:“女怕嫁错郎，男怕入错行。”而企业老板怕投资错误或创业错误。创业者对投资创业的构想，应先从企业经营的观点加以评价，这样中小企业经营起来才能立于不败之地。

台湾著名企业管理专家林秀雄先生历任美钮扣公司、品全工业公司、华美拉链公司、品大机械公司总经理。他曾对中小企业投资创业的构想提出下列几个基本原则:

- 资金充足;
- 尽量接近本行、相关的行业或个人有专长的行业，否则开始投资创业时，要缴一笔相当可观的“学费”;
- 最好能适合自己的个性，从而乐于从事此项工作;
- “新构想”的商品寿命最少要有三年，且不与大企业发生竞争，最好与大企业配合，并且在可预见的将来，有发展成大型企业的潜能;
- 有某种投资创业的新构想时，一定要与关心自己的人商量，征求他人的意见;
- 要设法了解、收集、思考、体验经营技巧，因为最好的行业也有人赔钱，最坏的行业也有人赚钱;
- 投资回收率快越好。

林先生认为从事制造业的中小企业，其所生产的产品最好具备下列条件，则企业经营胜算较大:

- 有很大的市场需求量，或目前需求量虽不大，但潜在的需求量非常大，只要开发成功并有力地推销，就是有前途的产品;

● 产品有特色，不易被模仿，而且需要有特殊制造技术者；

● 制造或行销具个人色彩者，即不需借助他人的力量就可完成工作的行业。

小本创业，所要制造的产品，如有下列特性，最好不要投资：

● 劳动密集型的行业或产品（人最不易管理）；

● 加工程序太简单，或很易仿制、装配者（如得力的部属很容易离开公司而自行创业）；

● 产品变化太快，属于太尖端的科技工业（除非本身是一流的科技人员，否则一流的人才小企业很难留住）；

● 资本太大，要招募很多股东者（不符合小本创业的原则）。

三、股东问题与股东约束

股东不和，也是造成中小企业困境之一。不亏不赚，则相安无事；企业亏损，则会发生股东间相互指责、推卸责任；企业盈利，股东间又互相争权夺利，上演“不流血革命”。不管亏也好，赚也罢，股东之间经常都意见纷纭，甚至拆伙。有的股东仅重视眼前利益，在房地产的黄金时期，房地产价格如脱缰之马，价格节节上升。曾有一位张先生招募8位股东，集资1 000万成立房地产开发公司，在某市的黄金地段买了一片土地，没想到过了两个月之后，就有人出价1 100万买那片土地，于是股东意见纷纭，有的说只是投资了两个月，就赚了100万，哪还有这么好的生意，主张将那片地转手卖出。但张先生是最大的股东，他出资额占了55%，他认为土地不能卖，如果盖房子卖的话，岂不是更赚钱?股东表决结果，以张先生的意见为最终结果。

房子盖好了，并定于第二年7月份推出，岂料6月份以后，房地产已进入滞销的不景气时期。房子卖不出去，其他股东便冷言冷语，最后股东闹意见而拆伙。

合伙生意难做，的确如此。很多中小企业不是独资经营，所以应设法约束股东。如某家企业，合伙当初，由最大股东向股东会提议前三年的红利列入盈余公积，以此向大公司发展，这是有效掌握股东的实例。否则一赚钱就分光，公司日后哪有发展的余地呢?

四、确立经营方针与经营计划

中小企业最弱的一环常是经营方针未能确立。大部分中小企业，其经营计划、经营目标极为欠缺。许多中小企业从来不制订经营计划或拟订经营目标，这种经营方式会使企业失去方向。景气时，获得“景气利润”;不景气时，怎么办?机会来临时，获得“机会利润”;机会不来时，怎么办?许多中小企业因创业时恰逢其时，确实赚了不少利润，但在原材料成本与人工成本不断上升且市场持续低迷的时候，却只能唉声叹气!靠天吃饭的企业经营，已难以生存。

经营方针是企业经营的指导原则，能使企业上下员工朝着既定的原则与方向前进。因此，若企业经营方针未确立，容易使得企业失去前进的方向。现收集数家知名企业的经营方针，供中小企业确立经营方针时参考与借鉴:

● 大同公司的经营方针

创造利润，分享顾客；建教合作，研究发展；劳资一体，产业自治；社会投资，回馈社会。

● 统一企业的经营方针

三好一公道。三好即品质好、广告好、销售通路好；一公道就是“价钱公道”。

● 南亚塑胶工业公司的经营方针

动我们的脑筋，尽我们最大力量来谋求公司的发展，使公司的利益与员工的幸福完全一致。

● 达新工业公司的经营方针

激发潜能，创造利润，提高员工生活水准；革新技术，重视品质，以合理的价格服务顾客。

与经营方针一样，经营计划也是企业最弱的一环，经营计划是对企业经营绩效的前瞻，实施经营计划、拟订经营目标，企业才能群策群力，全体员工才能集中力量，集中意志。可惜许多中小企业经营计划不明确，经营目标欠明朗，经营者抱着“船到桥头自然直”的态度，将企业经营的成败盈亏寄托于“机运”，缺乏经营管理之道。

很多中小企业经营者，以往企业经营一帆风顺，也赚了不少钱。其成功因素无他，努力加上运气而已。但有的企业在景气后期扩充过度，造成日后危机；有的在不景气时饱受原料、人工成本不断上涨的压力而濒于破产边缘；也有的则受到同业的竞争，或技术进步太慢，或内部管理太差成本高涨，总之危机四伏。中小企业经营者只依赖努力与运气是无法使企业继续繁荣下去的。除了努力与运气外，还必须重视并强化经营计划与经营活动。

企业的成长必须充满活力且永续不断，因此企业的经营不能逞一时之快而去追求短暂的利润，像这种短视的行为在企业经营上不值得效仿。任何优秀的企业都应审视过去的经营情况，预计将来可能发生的情形，妥善地拟订企业的经营计划，然后将经营计划逐步实施，并加以总结，这便是优良企业的经营活动的内容（如图表3－2所示）。任何企业若忽视了图表3－2所示的经营活动内容，则其活力是短暂的，企业的成长无法永续不断。

图表3－2 经营活动的内容

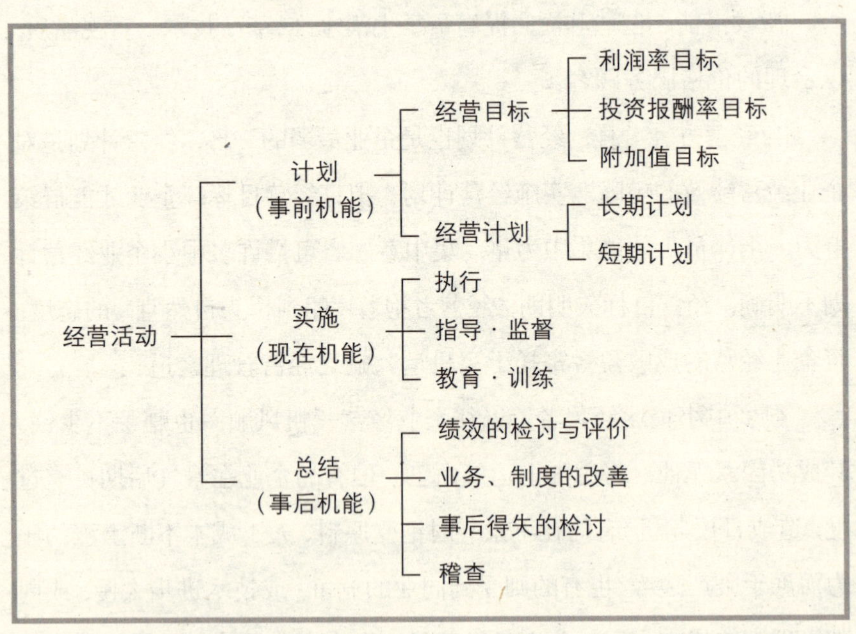

五、改良式的家族企业

家族企业经营，常被认为是阻碍企业进步的源泉，这句话对大企业或欧美发达国家的大企业而言或许是至理名言，但对于中国的中小企业，这句话就不适用了。

中小企业最大的内部困境是企业的内部分裂，因此最大的突破是设法将企业的分裂降到最低程度，因为企业一旦分裂，就会摇摇欲坠。企业分裂若能尽量避免，企业就会稳定。中小企业的经营应先求稳定再求发展，没有稳定，谈何发展?

中小企业容易分裂，而分裂又是中小企业严重的致命伤，因此中小企业走“家族式企业经营”的路线是明智之举。许多人常说，家族企业影响企业进步，并举出全世界最大的化学公司美国杜邦公司已经采取非家族化经营的例子，要求中小企业模仿且放弃家族化经营。这一观点套用在中小企业身上并不合适，可能会使中小企业负责人误解而竞相效仿，如此一来可能会对中小企业产生负面影响。杜邦公司是全球性的大企业,怎能拿我们的中小企业与杜邦公司相比呢?当然中小企业如果有一天发展成大企业或如同杜邦公司那么大的世界性大企业时，家族化经营自然要随着企业的进步而扬弃。

然而中小企业要发展到杜邦公司那么大，就规模而言决不是一朝一夕就可以做到的，即使数十年数百年后能发展成杜邦公司那么大规模的公司，也只能是寥寥几个。这些寥寥几个的大企业自然会发展成非家族式企业。因此就目前而言，杜邦公司的非家族化经营对于中小企业来说，还很遥远。特别要注意的是,中小企业从家族式经营，发展成非家族式的大企业经营，中间必须经过数个演变过程，否则断然扬弃家族式经营，而采用非家族化的企业经营，结果会造成企业分裂，根本无法获得非家族化经营的好处。简而言之，中小企业经营若从家族化经营一下子蜕变成非家族化经营，企业可能会产生分裂，会严重影响企业稳定。

这里所说的家族化经营，并非放任自流的家族化经营，必须加以改良，若不经改良，家族化放任自流地发展下去，就会变成中小企业未来发展的绊脚石。这种“改良式家族化经营”就是对加入公司的家族成员应加以管制，其管制要点如下：

● 水准低、品德差的家族成员不能进入公司，既使是亲如父子、兄弟，若水准低、操守劣，也不应让他进入公司；

● 进入公司的家族成员必须与公司其他同仁一样遵守公司纪律，否则家族成员会带头破坏公司纪律，企业效率将大受影响；

● 加强企业管理层的培养与进修，就是家族成员也不例外，培养与进修能提高公司的水准与成长的实力，不可偏废；

● 公司绝对“以才取人”，家族以外的同仁与进入公司的家族成员一样，只要有能力，照样有升迁的机会。换句话说，进入企业的家族成员若能力不足，升迁就缓慢，或者须接受能力的磨练与培养。

有人说，家族式企业经营因家族成员观念老旧，或经营意识闭塞，而耽误了企业的发展。这话有一定道理，但并不能因此抹煞家族式经营稳定性好的重要一面。在“改良式家族化企业经营”下，进入企业的家族成员水准高、品德好，再加上培养进修与以才取人，提拔家族以外的企业同仁，企业经营观念岂不是新颖而有效？欲求中小企业的稳定，除了“改良式家族化企业经营”外，“慎选企业四大支柱”、“经营层不断地自我进修”、“制度设计上对某些重要资料要保密”等措施也可以稳定中小企业经营。

多年前笔者曾做过一个演讲，主题是“不景气下的经营管理”。演讲后有不少人留下来提问，其中有一位中小企业家施老板则一直留到最后。

施老板自称经营汽车零件生产，员工总共30多个。施老板感觉工厂问题十分严重，员工离心力相当大，交代的事情及工作目标，老是拖拖拉拉。员工本身缺乏责任感与任务感，缺乏干劲。以往高利润时期可以无所谓，但当竞争激烈且原料成本与人工成本不断上涨的时候，售价已在成本边缘，施老板饱受经营的压力，如坐针毡。不但如此，企业内部的员工也个个浑身缺乏干劲，毫无“冲破困境、迈向繁荣”的奋斗毅力，不禁令人捏一把冷汗。

施老板希望笔者能帮他忙，以解决他的困境。在经过两个钟头的谈话及诊断后，终于找出了症结。原来施先生先前娶过三个太太：大太太很早就过世了，生下一男孩；创业期间二太太帮助很大，且生了四男一女；三太太学历较高，负责公司公关与财务，生有一男一女。如今三太太所生的孩子皆在外求学，大太太及二太太的孩子均已长大成人，全部在公司工作。公司由施先生与二太太负责，工厂由二太太及大太太的大儿子俩人负责。在员工仅30多人的企业里，家族至亲已占了8

个(夫妇3人、儿子5人)。大大小小事情均由家族成员掌握，连像采购一支圆珠笔那样微小的权利也都由家族成员审核，外人一点权利都没有。家族成员水准又不高，勤奋度也不足，又从不接受外部的企业管理训练。

像这样的工厂，有谁愿意在这里服务？如今在该工厂服务的人大多是因为一时在外界无法找到更适当的工作。

这家工厂最大的问题是员工认为没有前途以及工厂生活情绪不愉快。仅有30多人的工厂至亲的家族成员就占了8个，而家族成员不仅能力不高而且工作不卖力，工厂发展受到了限制，员工哪会有好的待遇？高职位更不用提，连芝麻绿豆小事员工都无权解决，这种工厂生活哪有情趣可言？员工又怎么会卖力呢？

一般家族企业经营容易使企业了无生机，唯有“改良式家族企业经营”之路，保留家族企业经营的优点而扬弃家族企业的缺点，企业经营才能生机盎然、迈向繁荣。

施老板在经一番分析后，很赞同笔者的看法，答应走“改良式家族企业经营”。经过一年的努力，企业体质已强健了许多，企业经营也变得欣欣向荣了。

六、慎选企业四大支柱

“慎选企业四大支柱”与“改良式家族企业经营”一样，对于中小企业的经营十分重要，它既能稳定企业的经营，也是企业成长的基石。企业四大支柱不一定刚好是4个领导干将，应当根据企业规模的大小与企业发展的需要选取4个左右的领导干将。这四个必须以企业的兴衰为己任，努力向上，团结一致，一心一意谋求企业的发展。这四大支柱也许是厂务、产品开发、营销、财务或企划。企业的四大支柱，是企业的柱石，是企业稳定与发展的力量。

这四大支柱或许是老板的家族成员，或许是亲戚、同学、莫逆之交，或许是表现杰出而提升上来的企业内员工。这些人必须忠心耿耿，有能力又有干劲。当然这四大支柱要特别花心血去寻找、观察与选取。同时，公司也要提高他们的待遇，使他们家庭经济无后顾之忧，则定然能死心踏地为公司效力。公司要伺机培养他们的技术或管理能力，使他们的能力百尺竿头更进一步，能独挡一面，为企业的运营与成长奋斗。

七、中小企业老板应具备的素质

1．中小企业老板必须精力过人

中小企业的老板必须是“三头六臂”，其精力和才能过人才能促使中小企业永续繁荣。中小企业老板并非按时上下班就能将企业经营好，必须将所有的精力与才华全部投入企业的运营中。中小企业比起大企业来说用不起一流的人才，也没有过多的费用预算去多用人才，然而麻雀虽小五脏俱全，因而其管理功能或经营上的重担无形中自然而然就要落到中小企业老板身上。如经营计划、预算、资金调度、人事安排、组织规划、市场信息搜集、市场开拓、新产品研发、产品生产计划、公共关系等等，这一些在大企业由专人负责，而在中小企业，大部分恐怕非落在老板身上不可。老板若非三头六臂或精力与才能过人，怎么能使企业繁荣地运营下去?

没有精力或能力平平，对整个行业没有敏锐的感觉或深刻的洞察力，是不配当中小企业老板的。

2．有效利用时间

身为中小企业老板，若想一天上班8小时，按时上班，准时下班，潇洒自如，那是不容易办到的。他们必须一心一意致力于企业的稳定，必须投入所有可能投入的时间与精力。曾是世界首富的保罗·盖帝有两句至理名言：

“要自己当老板，就别想朝九晚五，也别想周六下午和星期天休息。”

“企业家必须亲自经营自己的事业。不能期望员工都能像自己一样为公司的事业和理想奋斗。如果员工有像老板一样的想法，员工就不会做他的员工了。因此，尽管老板可以对部属授以职权，可是不能放松对部属的督导。”

中小企业人才不足，许多事情都要老板亲自去处理、指挥，那么中小企业老板如何做好时间管理呢?笔者认为只要发挥重点管理的基本原则就可以了。否则中小企业老板纵使不睡觉，一天24小时也处理不完繁杂的事务。

那么，如何发挥重点管理的基本原则呢?下列几个方法可以遵循：

将事情依重要性加以排列，中小企业老板估计一天能花多少时间来处理这些事情，然后将最重要的事情来填满这些可供支配的时间。其余的事情授权给重要可靠的管理层(即慎选的四大支柱)，老板只需指挥与督导。

3．企业要升级，经营者应首先升级

很多中小企业老板过去是技术者，由技术者创业而摇身一变为中小企业老板。在许多中小企业内最了不起的产品设计、产品制造者当属老板，在产品工艺方面，也由老板一手包办；也有许多中小企业的老板是营销出身的生意人，能言善道，推销技术很高明，这种推销技巧对他创业后业务的拓展相当有帮助。

然而技术或推销仅是企业重要功能之一，老板若还停留在技术或推销阶段而忽略了企业最重要的经营课题，很显然企业经营将失去重心，这对企业成长将产生极为不利的影响。在景气很好时，问题潜伏着还感觉不出来。若万一碰到不景气时，问题就会很明显地呈现出来。中小企业老板若不想企业升级那就算了，若想更上一层楼，则应自我训练与塑造，从技术者塑造成生意人，从生意人塑造成成功的经营者。

某制衣公司的李老板以前是一家制衣厂的设计人员，由于工作负责认真，脑筋灵活又肯动脑筋，因而学了一手好技术。创办制衣公司之初，李老板设计的衣服为该公司吸引了不少客户，凡是李老板亲自设计的成衣，客户都十分满意；但别的技术人员设计的产品，不是客户对样式不满意，便是制造成本过高，相当不划算。久而久之习惯成自

然，公司的成衣设计均由李老板一手包办，李老板忙得不可开交。

最近市场不景气，某家贸易商打了电话要制衣公司去报价，订单金额100万，占了制衣公司全月营业额1／3左右。营销课王课长赴贸易商送样品报价后，对方认为价格太高，希望降价5%，王课长迟疑不决，回公司请示老板，老板忙于成衣的设计与制造，经过三天后才回复，订单已由别的制衣厂取得了。在不景气的时候，能有100万的订单，对制衣公司而言无异是久旱逢甘霖，若当时李老板能亲自出面，碰到贸易商降低5%的要求，李老板可当场立即决定或与贸易商协商而后决定，要比王课长迟疑不决有效率得多，100万的订单就不会丧失了。

永富塑胶厂的丁老板是营销出身，做生意很有一套。塑胶厂的业务都是由他一手包办。可惜的是，丁老板没时间管理工厂，对员工又刻薄，也不会用人。员工士气不振，离职率高，生产效率低，工厂的两位副厂长也无精打采。

丁老板虽身兼厂长，实则大部分时间都在外面跑业务，工厂平均一天去不到两小时。所接到订单，不是交货期延误就是品质遭到客户抱怨或退货。

以上两个例子说明了中小企业老板若仍停留在技术者或生意人阶段，那么企业是无法进一步发展的。中小企业欲升级，老板本身应加以升级，去做一些别人无法越俎代庖，而只有老板本身才能做的工作。那么老板到底应做哪一些只有老板本身才能做的工作呢?这些工作大致如下：

(1) 新产品或新事业的策划与投资；

(2) 大市场或大客户的开拓；

(3) 大资金的调度，如买地建厂；

(4) 建立与维护公共关系；

(5) 加强企业内最弱的一环。如不景气时业务最弱，老板应全力照顾或加强督促业务；景气好时，生产或物料较弱，老板应督促生产。再强化企业内最强的一环，使企业持续有特色地经营。

企业要升级，身为企业经营者首先要先升级。所谓龙头动，龙尾才会跟着动，很有道理。若龙头不动，龙尾想动也没有办法！

八、走有特色的经营路线

面临大企业激烈的竞争，中小企业必须走“有特色的经营”路线，否则难以生存。有特色的经营不外乎是：

1．避开大企业的经营

创立中小企业伊始，要设法摆脱与大企业的竞争，选定大企业不喜欢插手而将来发展潜力很大的行业。若现在已经在与大企业竞争，则应发展中小企业经营灵活、可提供特殊规格的产品、可提供额外服务等大企业所没有的优点。

2．技术上的特色

如专利，或多年研究的精湛技术，其他企业尤其是大企业无法跟得上的技术。许多以技术起家的中小企业家，本身对机器的改进以及对技术的研究有独到之处，企业本身即有技术上的特色。

3．市场上的特色

中小企业可运用种种关系与客户打成一片，成为牢不可破的商业朋友，或加深某种关系，使得客户非我莫属。

4．财务上的特色

中小企业应设法健全财务，不要做自不量力的投资。只要自有资本充裕，即使不景气来临，也能安然应对。

5．创意上的特色

中小企业在产品生产或销售上，以创意领先同业，以产销策略的灵活运用，决胜于激烈的竞争市场。

以上种种仅仅是有特色经营的可能途径，不可能一一穷尽。中小企业重视有特色经营的途径，并善加运用，经营绩效自会蒸蒸日上。

九、避免单一化的经营

“单一化经营”在中小企业是司空见惯的，其风险很大，应当早日摆脱。单一化经营，是指在市场上可能只有一两个超级客户，在产品上只有单一产品，在原料供应上某种重要的原料只有一个供货商，生产上技术掌握在一两个技术人员身上等等。单一化经营弊端丛生，企业生命掌握在人家手里，任人宰割，实非明智之举。

还有，有些不良客商在经过正常的询价、索样品、看工厂等等之后便开始下订单开信用证。开始金额小，说是尝试性订单。经过将近半年的交易，订单金额逐步增加，而发展成大客户，订单几乎占40%以上。然而没多久毫无预兆地，大订单之后信用证迟迟没开来，或制造几乎完成时，突然要求降价，将价格杀到成本以下。量那么大的货品制造好了，信用证还没开到，坏账怎么办?成本以下的价格一脱手，岂不是亏损累累?所以，业绩不能集中在一两个超级客户身上，万一超级客户不稳，企业经营就危险万分。

某电子公司进军内销市场之初，该公司营销部经理叶先生找到笔者，要求笔者帮忙拟一份销售网络企划案。企划案拟妥了，并与该公司总经理张先生深谈了三次。张先生荣任总经理才两个月，两个月前一直是某大型电子公司的设计部经理，具有电机博士学位，本身从无商场或企业管理的历练。而叶经理也仅有从事国贸的经历。张总经理认为自己打开销售网，需解决种种麻烦问题，如营销主管人选、营销人员训练与管理、进货出货管理、销售与收款、经销商的管理等，不如委托某家电器商作全国总经销。

上述做法就是单一化经营的典型例子，如果电器商不稳定或不合乎本公司的营销方针，内销岂不是前功尽弃了吗?再换总经销，岂不是元气大伤？同样，企业的采购通常找最好的供应厂商，集中向该供应商采购，也犯了单一化经营的大忌。

华美电子公司欲向永固木箱厂集中采购录音机的外包木箱。当然永固木箱厂所提供的木箱是一流的(价格公道，品质好，交货期准，配合良好)，深得华美电子公司的信赖，使得华美电子公司所用木箱100%向永固木箱厂订购。然而好景不常，永固木箱厂厄运来临，因某一客户倒闭而遭池鱼之殃，几张金额较大的支票无法兑现发生资金周转失灵的现象。在债权者一齐逼债的情况下，永固木箱厂被迫歇业，华美电子公司眼看永固木箱厂无法继续供应木箱，再去匆忙寻找其他供应厂商，但价格、品质、交期、数量又岂能在短期配合好？华美电子公司后悔以往没有培养其他供应厂商，以致木箱在数个月内供应不顺，影响产销，其中更有因为录音机外包木箱的品质不良、交期延误现象，受到客户投诉而赔偿了10万元。

海源企业原先为某大型电器公司的供应厂商。海源企业的产品价格公道、品质优越、交期合乎要求，是很好的供应厂商。但有一次却遭到中心工厂抱怨而无端退货，几经交涉，总是没结果。海源企业货物的2/3是供应给这一家中心工厂的，遭此巨变，不愿与中心工厂来往，市场便少了2/3，企业危险万分。海源企业柳总经理十分有魄力，工厂改产电风扇，供应各电风扇经销商及海外市场。摒弃“单一化经营”后的海源企业更加繁荣与发展。

十、经营绩效要保密

为鼓舞员工士气，经营绩效好的大企业，公布其营业额、利润(率)或投资报酬率，并凭借竞赛与奖金，刺激员工，使经营绩效更上一层楼。上市的公司更是如此。

但是这种做法若延用到中小企业来，那就大错特错了，有点牛头马面，不伦不类。这种错误做法将使中小企业付出极高的代价。

在喜欢创业的环境中，员工年龄一到30岁，很容易就会想到创业。这时公司公布营业额、利润(率)或投资报酬率以鼓舞员工士气，实在是一大笑话。为什么呢?士气是被鼓舞出来了，但被鼓舞出来的不是工作的士气而是创业的士气。“噢,这类企业业绩还不错嘛，利润还蛮高！投资报酬率还蛮大的，投资下去的钱很快就可回收，这不是投资者梦昧以求的投资行业吗?原来‘踏破铁鞋无觅处，得来全不费工夫’，这就是该投资的企业。”员工中家族成员拥有四五十万资金的多得是，再向银行借个四五十万，将近一百万元，企业开起来还蛮壮观的!资金较少的员工找人合股，企业开小一点照样可以。因此，聪明的中小企业负责人，绝对不会向员工公布营业额、利润(率)或投资报酬率。那么要鼓舞员工的工作士气，只好借用生产量或销售量了。有人会说，奖金或薪水多给一点，员工就不会创业了。那么就可公布营业额、利润(率)或投资报酬率了。话虽然有道理，然而薪水毕竟是薪水，终究有限，人总是不能满足的。

一向对员工十分宽厚，薪水、福利都算一流的海井公司，有一年公司大盈利，除了优厚的年终奖金外，公司对有特殊贡献的人，还特别发了额外的奖金。李炳昆与王兴南是海外公司的重要主管，很会接生意。江老板对李炳昆与王兴南也特别看重，这次给他们每人各发了10万元的特别奖金。李炳昆与王兴南一直以来就很想创业，问题是资金筹措不易。这次天赐良机，公司除了不错的年终奖金外，还特别发给了两人各10万元的额外奖金。李炳昆与王兴南两人遂将多年积蓄与奖金拿出来，合伙开了一家贸易公司，成为海井公司的最大竞争者。江老板对李、王两人实在灰心极了，心里一直追问到底错在哪里？

见钱眼开、追逐财富，是经济社会的产物，李炳昆与王兴南两人另开公司也是人之常情，问题出在江老板对他们喜欢创业的“宁为鸡头，不为牛后”的精神没有深刻的了解。年终奖金与大把的额外奖金，以及公司辉煌业绩使他们筹划已久的计划终于可以付诸行动。当然笔者并非反对老板对员工好，只是仅就问题的本质加以剖析罢了。

重点提示

1．依靠实践和摸索、努力和运气经营企业的方式，早已无法适应现在的竞争，贵公司是否有自己的经营计划和目标呢？

2．出色的“技术员”、“营销员”和“管理者”，对于企业经营者来说，哪个更重要？

3．现在中小企业的平均寿命只有2.4年，如果您正准备创业，那么做好必要准备了吗？如果贵公司创立不久，那么该如何避免中小企业经营的“三年之痒”？

4．根据图表3－1，您认为中小企业经营不善的主要原因有哪些？该如何解决？

5．本篇中列举的中小企业创业的条件有哪些？您认为还有哪些需补充？

6．经营活动的内容是什么？您认为按照这样的内容制定公司的经营方针，是否可使贵公司永续经营？

7．贵公司是否属于家族经营模式？你目前的经营是否顺畅？改良家族式经营的要点有哪些？

8．中小企业要稳健发展，“四大支柱”极其重要，贵公司有这“四大金刚”吗？

9．身为企业经营者的您是否总觉得时间不够用？那么该如何有效利用时间呢？没有超群的精力和对整个行业敏锐的洞察力是当不好老板的，但是企业要升级，经营者首先要升级，您会经常“洗脑”吗？

10．营业额的公开度以及对员工的奖励都应当有个“度”，如果过度往往会适得其反，那么该如何把握这个“度”？

阅读心得 ______________________________

____

____

____

____

____

____

计划和改善的方向 ______________________________

____

____

____

____

____

____

第四篇

知人用人的人事管理

中小企业在人事管理上应痛下功夫，不可掉以轻心。“企”一字可拆为“人止”，即“止于人”。故企业者，止于人之业也。事业成败在于用人，古人常说：治国之道，得人则昌，失人则亡。在企业经营，用人是一件重大的事，尤其在中小企业，更是不可不察。

一、家族成员充斥，造成管理困难

中小企业用人难，起源于经营者对家族成员进入企业内服务没有加以管制。在家族成员充斥的中小企业中，家族成员水准参差不齐，观念又不一致，造成指挥与领导上的困难。对纪律不良、能力拙劣的至亲，怕损害亲友的关系睁一只眼闭一只眼，这样容易造成士气低落，管理未能上轨道，使许多优秀人才流失。

例如：西凤塑胶厂有员工140余位，两兄弟分别为董事长、总经理，兄弟的孩子女儿共7人分守要职。规定员工早上八点准时上班，下午五点下班，按时打卡。然而老板的子女7人迟到早退不受限制，高兴时八点上班，不高兴时九点多才来，也没有人提出意见。这样的公司士气当然不振，有才能的人怎么愿意留下来服务呢？留下来的，又怎能安心服务呢？

企业内最常见的用人例子，就是想用人而又不放心，于是放置一两位自己的亲信设法从中监督。这位亲信若是经历不足，但是素质好又肯上进，倒还勉强说得过去。若这位亲信不遵守规定，到处违反公司纪律，反倒使人厌恶万分而使企业人事管理难以推行。

“疑人不用，用人不疑”是用人的准则，若放置亲信从中监督，再好的人才恐怕难以发展所长，处处有所顾忌。若这位亲信素质好、能力佳，倒不如将这位亲信升为主管好些；若这位亲信能力不足，难以担任主管，那实在更加可叹了。

二、谁才是真正的主管

三扬贸易公司的老板叫陈偏进，员工给他一个雅号叫“五分”。所谓“五分”，意思是脑袋瓜老是向右稍微偏斜，就像时钟的长针向右稍微偏移而指向五。原来陈老板不太信任职员，每次上班从公司进来到老板的办公室，或下班从自己的办公室走到公司大门口，必须经过“海外部”“会计部”“营销部”“采购部”，他总是脑袋瓜微微偏右，斜眼偷瞟职员并竖耳倾听，想从中了解职员有没有尽职，有没有上班时间嘻笑喧哗等等。职员为此暗地里为陈老板取了个外号叫“五分”。

海外部王经理能力高强，善于争取客户。陈老板在海外部安插了他的难兄难弟李敏泰，李敏泰娱乐场所出身，过去与陈老板在娱乐场所志趣相投，故请他来帮忙。三扬贸易公司每有新的业务项目，老板都先通知李敏泰，然后由李敏泰告诉王经理。王经理向老板报告的事宜同样需要让李敏泰知道，而且要恭敬有加。

李敏泰经常迟到早退，识时务的王经理当然不便管，更不能管，影响所及海外部的其他部分同仁，纪律日下。王经理看在眼里，想在心里，只好凭着其优秀的业务推展能力与商场经验另谋发展。而李敏泰欢乐如常，但由于素质和能力所限老板也无法委以重任。

试问，王经理是海外部的主管，还是李敏泰是海外部的主管?组织表面上王经理是主管，但内部的指挥、影响以及与老板的沟通上，显然李敏泰才是幕后的主管。

要解决上述西凤厂与三扬贸易公司的问题，除了发展成为“改良式家族企业”别无他途。身为经营者，对企业内的家族成员、至亲、好友若不加以管理，实在是企业发展的最大隐患。

在“改良式家族企业”中，品质好的家族成员、好友，可以让他们进入企业内，共同携手创造美好的“锦绣前程”;而对于品质不好的家族成员、好友，就应委婉拒绝。

三、薪资支付力低，人才缺乏

绝大部分的中小企业所创造的附加价值要比大企业低，因此中小企业薪资支付能力较低。薪资支付能力低，好的人才不易聘请进来。一般而言，中小企业的主管与职员的薪资远比大企业主管与职员要低。若再加上家族成员充斥，阻碍了升迁渠道，非但好的人才不易进来，而且剩下的少数优秀人才恐怕也不易确保能留任于中小企业。

在这种情况下，中小企业用人策略恐怕就要走“人和”与“大材小用不如小材大用”两条路线了。

四、人和为贵

“人和为贵”在中小企业尤为重要。薪资支付能力低，但老板与员工的相处其乐融融，老板与主管尊重部属、教育部属、训练培养部属，荣辱与共，休戚相关，俨然是个大家庭。

三国时代，刘备是个中小企业家(如果把国家比作企业)，曹操是大企业家，刘备东奔西走，46岁依附荆州刘表，屯兵于新野。赤壁之战奠定了三分天下的局势。刘备(蜀国)的总体实力即兵力、国力等样样比曹操差，为何还能与曹操抗衡天下呢?刘备所依靠的是什么?就是“人和”。

从最初的桃园三结义刘关张，后来赵子龙、诸葛亮加入，每一位均以刘备为中心，团结一致，忠心为国。文治武功均表现了一片“人和”的景象，实是中小企业(把国家比作企业)最成功的典范。所以中小企业如果能营造一片“人和”的景象，是相当重要的。薪资虽低了一点，但“人和”可稳定员工。若没办法做到“人和”，那么员工就更难以保持稳定了。

五、不患寡，患不均

影响“人和”的重要原因之一是薪资不均。不患寡而患不均，这是人类的通病薪资支付不均常使员工不满。

薪资制度的拟订，除了考虑外部平衡外，还要考虑内部平衡。所谓外部平衡即企业内各级人员的薪资要与周边企业取得平衡。

内部平衡表示内部同级人员薪资要相互平衡，若不平衡悬殊太大，员工心里不满，会影响士气，甚至离职。

某广告公司前年招进一批刚毕业的大学生，其中张三与李四是同班同学，两人表现都十分杰出，难分伯仲，很受老板的重视。

张三、李四同时进来，于去年同时升为部长，表现一样好，薪资相同。今年7月调薪，两人各调400元。由于薪资采取保密政策，于是张三好奇地问李四：

“老板这次给你调了多少工资？”

“老板这次给我调了500元！”李四想万一输给张三，实在没面子，便提高了自己的价码。

“小张，那么老板这次给你调多少？”李四顺势问道，“调了600元！”张三心理不服输，又把价码再报高。

于是张三、李四两人均万分埋怨老板，两人不约而同认为自己不比对方差，老板怎能给我调薪少而给对方调薪多？真是岂有此理！情绪越闹越大，最后两人均提出辞职。

老板莫名其妙，找了张三、李四两人问明究竟，才真相大白。在老板的解释下，张三、李四两人又留了下来。

“不患寡，患不均”，古人的金玉良言，实在很有道理。

六、创造企业魅力招募员工

中小企业招募员工的条件，一般说来，不如大型企业，但中小企业可运用本身的吸引力（有人称为企业魅力）与大型企业抗衡。

现举两个例子来说明中小企业招募员工所做的种种努力，中小企业的经营管理者可根据本身企业的环境与条件，类推适用。

大型企业规模大，员工的应征、面谈与应考，一关接着一关，等了又等，实在毫无人情味。中小企业应以人和取胜，在招募员工时，过程简便，应征、面谈时，表现和蔼亲切，则新进人员离职的机会就会大大减少。

另一个增强企业魅力，增进员工招募的例子，是笔者指导某一家企业时想出来的方法。中小企业应用起来，会产生极大的效果。

每年7月，众多毕业生走出学校进入社会。这群毕业生自然是企业的招募对象。许多企业在4～5月就跟选定的学校校长、就业辅导组打好交道，安排一个下午由数家企业做招募员工的演讲，这种演讲旨在提供有利的条件，以利于毕业生前来应征。

5月初的某星期六下午，笔者指导的建丰企业的王经理已安排好了在某技校进行“招募员工”的演讲，但王经理临时有要事出差，所以由我这位顾问赴约演讲。演讲前准备好了建丰企业的薪资与福利资料。不料我到了那所技校一打听，早上已有两家大公司的人事主管宣讲过此类待遇。整个情况对建丰企业非常不利，我所准备的薪资、福利资料完全派不上用场。其情形如下：

● 大公司的技校毕业新进女性薪资、津贴、效率奖金、全勤奖金等统统加起来，一个月可以领到1200元以上。建丰企业统统加起来只不过800元，同大公司比有很大的差距。

● 大公司福利措施上轨道，重视各种福利，而作为中小企业的建丰企业，福利措施只在初步阶段。

● 大公司“招募员工”演讲在前，若建丰企业的“招募员工”演讲所提出的又是薪资与福利，相形之下，只会给人恶劣的印象。

当时我灵机一动，上台前五分钟把演讲的内容全部改变，我演讲的主要内容如下：

● 有许多企业如电子、纺织、化工等，薪资比较高，但员工必须付出相当代价，往往四五十岁时就腰酸背痛，呼吸系统受伤害，皮肤会未老先衰等。并绘声绘色地举出一个个活生生的例子要她们特别注意。

● 不提薪资与福利，特别强调建丰企业的“人和”因素，大家相处十分愉快，老板重视员工生活，员工结婚或生日老板一定备有礼物，员工结婚典礼必设法参加等。并举出数个例子。

● 该校毕业生向来表现优异，老板要我来特别表示十分欢迎该校的毕业生加入建丰企业的行列。

短短50分钟左右的演讲，效果很好，20个左右女孩子畏惧“颜面未老人先衰”、“四五十岁就腰酸背痛”、“呼吸系统受伤害”，便到建丰企业来应征。再加上应征时受到重视，受到人情味的感染，其中17位应征者便加入建丰企业的行列了。

七、大材小用不如小材大用

用人唯才，用人最好是适才适所，但适才适所很难。用人恰到好处必须具备天纵奇才的用人艺术，否则难以做到。一两个人用得恰到好处或许可能，若所有部属都用得恰到好处，恐怕十分困难。

若用人难以做到恰到好处，与其大材小用，不如小材大用。大材小用，抱怨连天，最后也许会辞职。小材施以适当的训练或磨练，并委以重任，将因知遇之恩，感激万分而忠心效命。

在求职难的今日，有些大学生与技校生一起被公司录用，在试用期后正式成为公司的职员时，与公司同仁相比，心有所不甘：我是某某大学毕业，竟然拿这么少的薪水。不平则鸣，闹情绪、抱怨连天，最后常以离职收场。因此人事部门特别要杜绝这类情况发生。给大学生同技校生一样的薪资，表面上公司占了便宜减少了薪资支出，但实际上在员工闹情绪、抱怨连天、士气低落的情况下，其损失不可估计。

要用一流的人才必须有一流的环境，或一流的待人之道。若缺乏一流的环境与一流的待人之道，用二流的人才远比一流的人才来得恰当。公司若无法安抚这些对环境与待遇的要求特别高的一流人才，不如不用，用了反而会扰乱公司的人事政策与人事管理。

日本松下选人时就是“唯人是用”，而不是“唯学历是用”。即使像东京大学那样一流学府的毕业生，如果只是满脑子顶天立地的思想、凌云壮志的情操，眼睛比头顶高，是绝对不会被录用的。日本松下宁愿用二三流大学的毕业生，因为这些学生在升学考试中不是一帆风顺，因此他们做起事来比较认真本份、脚踏实地。再加上一个月完整的教育训练，把书呆子的思想冲淡后，便成为地地道道的松下先生了。这些人做事脚踏实地，认真负责，水准高，反而更加称职。

八、设法降低员工流动率

员工流动性问题普遍困扰着企业，大企业并非没有员工流动的问题，只是中小企业对员工流动远较大企业敏感。大企业分工较细，员工一流动，还有人可以轮调；而中小企业“麻雀虽小，五脏俱全”，一个人往往身兼数职。职员一离职，没适当人选可调派，若招考员工，须经一段时间的训练，旷日持久，远水解不了近渴。

有一家皮革厂，员工经常保持在120人左右，每月有20%的流动率。老板没有跑，经理厂长也没有跑，但有的员工进来3个月就走了，有的服务8个月就辞职不干了，有的甚至只做了1个月就辞职。员工流动率那么高，光是招募费用、训练费用以及由此引起的生产力降低损失、品质损失等各种费用损失实在大得惊人，怪不得很多中小企业大叹没钱赚。那些赚了钱的中小企业，员工流动率若能降低些，利润还可以再大幅提高。

员工流动不仅限于操作人员，最大的问题是营销人员、采购人员与主管人员的流动。在某家著名的杂志业，营业人员的流动一年高达400%以上。课长、厂处长、经理级人员流动也相当大。

员工流动产生的原因，笔者将它归为四大因素：

- 个人因素；
- 企业本身因素；
- 同业间因素；
- 社会和教育制度因素。

就个人因素而言，员工想创业而造成企业分裂，对中小企业经营是严重的致命伤。一心想创业者大部分会到中小企业来。企业分裂在中小企业特别严重，有下列几个原因：

- 中小企业规模小，有心创业者不必花太多时间便可了解企业全盘运营，也就是说，很短时间内就可以学会企业经营的全盘技巧。
- 中小企业资本小，几十万上百万元的资本很容易筹措。
- 许多中小企业其经营管理没上轨道，还能获取不算低的利润，因此无形中激发了员工创业的信心。
- 有的人内心与生俱来就有“宁为鸡头，不为牛后”、“小国之王犹胜大国之诸侯”的独立创业精神。

基于上述原因，中小企业职员创业之风很盛。职员创业之风盛行，就会造成严重的企业分裂，这对中小企业的经营是致命的打击，因为创业者挖墙角的对象与抢夺客户的对象、产品设计等均来自原先服务的企业。因此这种企业分裂势必造成原先企业元气大伤。

对付企业的分裂，中小企业可采取下列方式：

- 慎选四大支柱；
- 管理制度设计中某些资料保密；
- 关键技术保密。

“慎选四大支柱”在前文已详加探讨了，“管理制度设计中某些资料保密”、“技术保密”在后文中将详加介绍。

在企业本身因素中，中小企业要营造“人和为贵”的环境，对一流的人才最好不要奢望，好学校毕业的优秀人才，由于小池里养不起大鱼，一定会远游他去的。

就同业间因素而言，挖墙角现象对中小企业的打击也不小。中小企业的员工往往身兼数职，重要人物一被挖走，对企业运营影响很大。曾有一家锯机工厂，重要的技术人员一周内先后被挖走了4个，使得生产线停了下来。

中小企业中层管理人才流向大企业，造成中小企业人员流动率的提高。针对挖墙角现象或中层管理人才流向大企业，中小企业在人员的培养与训练上应当下工夫，才能减轻人员流动所带来的打击或伤害。

就社会因素而言，中小企业厂址应避免选在工业区内。工厂设在工业区内，无形中员工会拿自己工厂的薪资、福利与环境与其他工厂比较，无形中会提高员工流动率。大部分中小工厂与大厂比，薪资、福利与环境或多或少逊色了一点，这么一来，员工的稳定就相当困难了。因此中小企业建厂，最好远离工业区。

九、职掌和指挥要明晰

1．确立组织和职掌

中小企业由于人手少，分工不细，因而出现“组织不明、职掌不清”的现象。组织不明与职掌划分不清，造成“有的工作没人做，有的工作很多人一起做”的低效率与浪费、任务难以达成。要健全人事管理，组织结构必须规划好，职掌必须划分清楚，因为组织与职掌的确立是企业人事管理的第一步。

2．指挥系统要统一

中小企业常违背“指挥统一原则”，造成指挥系统混乱。指挥系统混乱较为严重的情形是“多头指挥”。在家族企业里，家族成员往往对“指挥”十分热衷，员工常感到不知所措，不知道到底听谁的。若多头指挥时指挥内容相同倒还无所谓，若指挥内容不同，员工则有无所适从之感。这么一来，指挥的效率就大打折扣了。

某金属加工公司，弟弟创业有成，高居董事长之位，哥哥被弟弟礼聘为总经理，旨在扶助董事长。内行的董事长指挥若定，井井有条。而外行的总经理个性豁达，指挥不得要领。在家里总经理是董事长的哥哥，直接喊弟弟的名字;在公司总经理是董事长的部属，不好意思直呼董事长的名字。总经理看到董事长指挥若定，心里有所不自在，也要发挥总经理的权威而大加指挥。总经理与董事长的指挥其精神与内容往往均有差距，甚至时常背道而驰。这种双头指挥，使得部属不知如何遵循。假如董事长与总经理事先协调好，再来一致性的指挥，岂不是一举两得吗？

曾有一家小工厂，哥哥当总经理，弟弟当厂长，大嫂当会计，弟媳当业务主管。母亲年迈无聊，到工厂来东瞧瞧西看看，一发现有浪费的情形，立即东指挥西督导的。这五个人对工厂所有员工的指挥步调不一致，内容各异，往往一件事一个说要往东走，另一个说要往西走。员工笑在脸上，困扰在心里，不知如何是好。

确立好组织与职掌，那么每一位主管均可按组织与职掌来执行指挥、授权、协调等管理工作。如果组织与职掌混乱不清，管理工作势必也混乱不清。因此可以说组织与职掌的确立是管理能否上轨道的基石。

十、人员的训练与培养

《论语》说得好："不教而趋之战，是谓弃之。"在管理上也是如此。新进人员或新上任主管，不进行适当的训练，便不能愉快地胜任工作，也就等于遗弃他一样。若再不分清红皂白地加以指责，员工会士气低落，甚至离职。

中小企业往往忽略了对人员的训练与培养，怪不得绝大部分中小企业难以升级，一二十年下来还是中小企业。唯有那些重视人员训练与培养的中小企业，才有脱胎换骨发展成大型企业的希望。

对新进人员的教育训练，一则可使新进人员对工作方法有所了解而不至于不知所措，二则对服务的企业环境有了认识而增加向心力。对管理人员加强训练并培养其管理能力，能使组织内活力充沛，促进沟通，提高管理水准。

人是企业最重要的资产，人员训练与培养旨在发挥人的潜力。中小企业千万不要借口工作忙而疏忽了对人员的训练与培养。中小企业以后是否能脱胎换骨，员工训练与培养是其关键性的决定因素之一。

重点提示

1．有相当一部分家族企业，总害怕肥水流到外人田，尽管企业中家族成员在管理、生产、销售等方面的业绩都不如外人，但在工资、福利、待遇等方面，其要求总比外人要高。贵公司有这种情况吗？作为企业经营者该如何协调？

2．员工流动率大，是否是贵公司极头疼的问题？那么不妨先在“阅读心得”栏分析一下公司人员流动的原因，再对症下药。

3．要留住人才，除了用人唯才、一视同仁、支付适当的薪资外，您还有其他妙招吗？福友实用企管书系之《如何选人用人育人留人》有关于这些问题的详细叙述，您可以借鉴。

4．作为企业中坚力量的干部自行创业，造成企业分裂是否是您头疼的问题？那么，为什么会出现这个现象？反观您自己的公司，有这种苗头吗？该采取什么措施控制呢？

5．作为企业经营者的您，是否每天都在外面忙碌，而疏于企业内部的管理？混乱的组织和职掌会造成员工的工作没有效率。“工欲善其事，必先利其器”，是时候厘清企业的组织和职掌了。

6．企业要发展，不仅要把员工“养好”，更要“教好”，贵公司对员工有什么教育考核方案？如果没有，那么赶快着手制定吧！

阅读心得____

____

____

____

____

____

计划和改善的方向____

____

____

____

____

____

____

第五篇

管理制度的建立与实施

一、管理制度不能抄袭

二、中小企业的管理制度

三、管理制度的机密性

管理制度在中小企业中往往是最为薄弱的一环。我们甚至可以大胆地说(然后小心地求证)“绝大部分的中小企业几乎没有管理制度可言”。为何会这样呢?其原因大致有下列几点:

- 中小企业缺乏能设立完善管理制度的优秀人才;
- 高阶层主管对管理制度设立的认识不足而且不重视;
- 中小企业只重视生产与销售，其余均被忽略。

一、管理制度不能抄袭

管理制度不能抄袭，一味抄袭非但不能促进管理，反而会使企业元气大伤。坊间出版过不少关于企业管理规章制度方面的书籍，但只能参考，千万别抄袭。

每一家企业的管理制度受下列因素的影响都应当有所不同:

- 企业经营者的经营理念;
- 企业内的传统做法或惯例;
- 企业内的授权程度;
- 企业机构规模的大小;
- 企业内员工与各级主管的管理水准;
- 公司、工厂、分公司的关系;
- 厂房布置;
- 产品形态。

除非上述8项因素完全相同，否则管理制度应该有所差异才对。某一家企业的管理制度不错，但充其量只是在那一家公司推行得不错而已，别的企业最好不要生搬硬套，否则会患了“水土不服”的毛病！

大众实业公司职员本来向心力高，工作十分勤快卖力。有职员80多位，平常偶有少数人赶不上8:30上班迟到几分钟。17:30很少人准时下班，有的自觉工作到18:00，少数几个会把所有事办妥了，19:00才回家。上班期间有事外出，不必请示，早去早回。他们均将公司的繁荣视同自己的幸福一般，努力不懈。

大众实业公司总务部张经理看了坊间的人事管理规章后向李总经理建议采用，李总经理研究后，认为可以引进其他公司人事管理规章。新旧人事规章当然有不少差异，现举出其中最为明显的差异加以探讨：

本来不必打卡，现在一天要打四次卡即:8:30前，12:00~12:15，13:15~13:30，17:30以后。本来出外不必填外出单，现在要填外出单，并经过经理签章后核准放行，否则视为旷工。

新人事规章公布第一天，职员情绪恶劣。职员认为公司好像把他们当做小偷一样看待，少数几个职员偶尔迟到也被训斥，职员公出办事也被怀疑在外面溜达，真是岂有此理！

于是职员开始上下班准时打卡，外出填公出单，即使经理很忙，公出单搁了很久，除非迫在眉睫，否则职员不会主动去催，一切公事公办。下班时间一到就打卡回家，反正还有明天。从此大众实业公司职员工作缺乏了朝气，士气不振，职员上班时刻等着下班时刻的到来，工作也缺乏热情。

像大众实业公司这样的例子多得数不胜数。原因在于一般人将管理制度或作业制度疏忽了，等到发现问题才重视，其损失已难以估计！

二、中小企业的管理制度

许多中小企业对管理制度太不重视。50人的企业，东拿西借几张表格，算是最简单的制度了。员工增加到120人时，旧有制度就不堪重负，于是很轻易地从别的企业引进一套制度，而将原先的管理制度一脚踢开。事隔数年，员工增至两三百人时，旧有制度同样不堪重负，于是又引进一套管理制度，旧的只有再次废除。若员工增加至六七百人时，管理制度又要来一次不流血的革命。每一次管理制度的更替，没有好好设计，也没有好好训练，员工内心的惶恐与抵触是可想而知的，管理制度的低效率更是显而易见。

这种照搬别人，全盘否定自己的管理制度的"革新法"将整个企业的管理精神与水准破坏无遗，无奈很多企业对管理制度或管理的忽视，主要是因为高阶主管不想在管理及管理制度上投资。反正管理失调的损失虽大，但在会计报表上体现不出来，因为会计报表上无"管理失调损失"科目。明知管理失调的损失极大，但毕竟管理费力，也就得过且过了，许多企业主管存在着这种致命的想法。

其实管理制度的更替，不能像上面所说的那样"连根拔除"，这种"连根拔除"的更替法只能使企业元气大伤，其损失不可估计。

中小企业的制度像一棵小树，树干大、树根齐全并附带着几支树枝，管理制度无法分得太细，只能粗略些。随着企业规模的扩大，旧管理制度绝不能“连根拔除”，而应让树干扩大，树枝加粗，树叶长出，也就是管理及其作业制度再细分，随着企业规模扩大，管理制度越来越细。

因此中小企业起步时就要对管理制度善加规划，若一开始就草草制定了事，以后难免要“连根拔除”，另设新管理制度，致使企业元气大伤！

任何一家企业，其管理制度，必须遵循下列原则：

- 组织分工合作；
- 管理制度的文字化；
- 有专人探讨、修正。

企业机构组织分工合作即管理制度的第一步，缺乏组织分工合作，管理制度是无法建立起来的。管理制度必须书面化，并训练有关人员，不能人云亦云。管理制度随着时间的演变，有不合时宜的，就要加以修正。若一家企业的管理制度十年不变，那么这家企业管理的低效率就可想而知。

三、管理制度的机密性

中小企业管理制度的机密性，要予以特别注意。若不保持适当的机密性，任何人都可看到或有办法看到任何报表，则增长了员工创业的几率与企业分裂的可能。如操作员知道了成本与售价，营销人员知道了成本资料，员工知道了利润(率)或营业额等，这些都足以鼓励员工创业。再加上中小企业资本需求不大，资本易于筹措，更助长了创业的趋势。员工一创业，原来供职的中小企业元气自会大伤。

重点提示

1．贵公司的管理制度是怎样制定出来的呢？管理制度的制定要符合企业自身的情况。当然，市场上出版发行的诸如《企业制度精选》一类的参考书，可以给您许多规范制度的范本，但是使用时要结合企业情况进行调整，才能大有裨益。

2．制定企业制度，您主要考虑了哪些因素呢？企业在发展，制度也需随之调整、完善，贵公司的管理制度多久没有变更过了？

3．阅读完本篇第二节之后您有什么启示呢？每一次管理制度的变更，都是一场不流血的革命，所以需谨慎才是。

4．阅读完本篇，静下心来在下面“计划和改善方向”一栏写写贵公司管理制度需调整、完善的地方。

阅读心得 ____________________

____

____

____

计划和改善的方向 ____________________

____

第六篇

增强财务、会计与资金调度管理

一、量力而为

二、强化资金计划

三、设立并实施简明的会计制度

四、少向民间借款，多与银行打交道

一、量力而为

资金周转犹如企业的呼吸，资金周转失灵，企业便呼吸困难，因此任何企业均应随时保持资金周转的顺畅。常遇到处于困境或濒于歇业边缘的中小企业老板悔恨当初不经规划便任意扩大企业规模，造成资金周转失灵，只好歇业以图日后东山再起。

中小企业经营者，常被一时之大好景气冲昏了头，以为生意好即表示景气常在，就大肆扩充厂房与设备，甚至超出企业本身负担能力负债经营，不料景气一逆转，财务困难万端，甚至周转失灵，企业不堪重负而宣告破产。

中小企业本着自助人助的精神，应量力而为，不要规划企业财务负担不了的方案。所谓举债自忧，任何行业没有永远的好景气，在景气过热时，即意味着萧条将接踵而至；每当生意特别兴隆时，同业间即会兴起一窝蜂式的竞争，使生意冲淡。因此在大景气与生意特别好时，要更加冷静些，否则盲目扩大投资，只会给企业播下危机的种子。

赵先生在电子界服务十多年，技术出身，对产品的设计十分内行。由于对设计的自信，产生创业的憧憬。不料简易厂房刚建好，产品刚设计出来，就受到不景气的冲击，加之市场销售力量很薄弱，产品滞销，周转困难。

赵先生经过十多年的拼搏已经踏出了艰苦奋斗的第一步，若能坐下来冷静地思考未来经营企业的种种问题，就不会愈陷愈深。然而，赵先生心里不服气，由于以往服务的公司技术全部靠他，自认为凭借技术必能使经营向上。于是赵先生向亲戚朋友借了一大笔款，试图东山再起。石油涨价，随之物价也上涨，赵先生创业不逢时，经营仍没有起色，周转失灵，债主纷纷要求还债。

赵先生不善经营企业，事先并没有做好计划，并过度举债，企业负债愈陷愈深。

二、强化资金计划

企业大赚钱也会使资金周转失灵，这便是所谓的“黑字倒闭”。这是资金计划不周的结果，若能加强资金计划，大赚钱的企业就不会资金周转失灵了。

做好资金计划，提早一个月或两个月预先筹备资金，对企业的营运与资金周转很有帮助，也不会为了临时一笔款项，忙得团团转。企业经营者为了解决资金调度的问题，往往会将产销活动暂时抛诸脑后，从而影响了产销的正常运行，产销受影响后，又影响了资金调度，造成恶性循环。

康万里经营木材加工生意，生意很兴隆。但他缺乏资金计划，把大部分存款拿去买房地产。由于资金调动太多，木材加工生意的周转资金不足，为了筹措资金，康万里无法照顾生意，生意便冷清了许多。为此，康先生请顾问传授给他资金计划方法，让他能早日合理地安排资金，早点筹措，不再因为资金不足而影响产销。三个月以后，康万里资金计划做得十分不错，不再忙于资金筹措了，其木材生意仍旧十分兴隆。

三、设立并实施简明的会计制度

会计的功能，一般可分为三种：

● 管理会计功能

会计报表可以为企业领导者正确而快速地决策提供资料，此外，凭借会计报表，可以分析、考核有关部门及其主管人员的绩效。

● 财务会计功能

财务报表可以为股东、投资者、金融机构及贷放款人员提供相关资料，作为投资、监督及贷放资金的决策参考。

● 税务会计功能

按税法的规定，提供会计资料来申报企业所得税，并方便税务部门的查核及所得税的课征。

很多中小企业会计制度根本没上轨道，主要有下列三种情形：

● 中小企业规模小，小池塘养不起大鱼，缺少会计高手。一般小企业的会计员只会记普通的会计账簿，至于设计会计制度就没有能力去进行了。

● 中小企业规模小，就制造业而言，绝大部分是多种少量订货生产工厂，在销售上也是多种少量货品的销售。多种少量的经营方式极端复杂，销售会计较容易，而成本会计本身就非常难，若勉强做，一来会严重影响生产效率，二来会得不偿失。

● 中小企业经营者本身不愿让会计制度上轨道，明晰的会计制度常造成税收的增加。为减少税收，干脆让整个账目混乱。

一般人认为记账仅仅是为了应付税务部门，为节税尽量不设立会计制度，这是消极的想法。节税应当有节税的方法，每位中小企业高层领导都想办法节省税金，基于降低成本的立场，只要合法，节税当然都是对的。然而会计有其更积极的意义，除了提供税务单位查核并上缴所得税外，简明的会计制度还有下列好处，中小企业高层领导不可不知：

- 可以为经营方针与策略的拟订提供资料；
- 可以减少不合理或偏高的成本；
- 可以提高企业经营绩效，改进效率；
- 可以提供差异分析，加强检讨以使各部门完成目标。

四、少向民间借款，多与银行打交道

1. 少向民间借款

中小企业一般很少和银行打交道，一急于用钱，便向民间借款。民间贷款黑市利率高，民间利率低者也有20%，有的甚至在30%以上，费用又不肯明报，很不规范。中小企业向民间贷款，年利率高达20%或30%以上，利息负担很重，因此向民间借款的企业其经营利润都被黑市利息吞食掉。

因此中小企业经营，除非万不得已，应少向民间借款，要借款尽量去银行。银行利率较民间利率低得多，这样一来，经营的利润才不会被黑市利息吞食掉。

2．多与银行打交道

中小企业经营者不善与银行打交道，而向民间借款，这是中小企业经营者应改善的。中小企业之所以少向银行打交道，其理由大致有下列几点：

- 认为银行像当铺一样，手续十分繁杂；
- 认为银行十分势利，只看大户，不看小户；
- 银行贷款，除要求贷款者有十足的抵押物外，还要有数个担保人，有的中小企业找不到担保人，有的怕担保人以后同样要求他担保，而不愿寻找担保人。

中小企业对银行的看法固然有一定的道理，然而仍有必要加以修正，以免有所偏失。银行以盈利为目的，当然怕吃倒账，若中小企业向银行借款不还，事态当然相当严重。故向银行借款，银行除要求抵押、担保外，还要进行取信调查。这种自保的措施，其目的在于预防倒账，这是可理解的。只是大部分中小企业财务会计不健全，觉得银行要求提供资料特别烦琐；其次，银行喜欢一笔大款项的贷款而不喜欢小款项的贷款，一笔贷款，不论款项大小，银行所花的费用（申贷手续、取信调查、审核等）大致相同，因此一笔大款项的贷款银行所花的成本当然要比数笔小额的贷款来得低。

在这种情形下，银行便不喜欢小额的贷款了。就生意眼光来说，银行本身并没有错，错的可能是银行工作人员表现出来的态度，使中小企业感觉不舒服。但就事论事，银行的生意本身就是如此，只要不过分举债而且诚信良好，银行并没有说不欢迎。银行本身是营利性机构，为求自保，自然要拟定一套放款、取信调查、审核的制度，这是应该理解的。只要中小企业维持健康的经营，向银行打交道时善于说明自已的长处，银行对中小企业不会不欢迎的。

重点提示

1．贵公司现在的经营状况如何？是否感觉到资金周转困难？企业在景气和不景气的时候，各应采取何种资金周转政策？

2．贵公司有制定资金计划吗？您认为可通过什么途径强化资金计划？

3．结合本篇第三节回答以下问题：会计的工作职能有哪些？贵公司的会计的日常工作又是什么呢？

4．简明的会计制度对于中小企业来说有什么好处？贵公司有相应的制度吗？

5．贵公司主要通过什么方式融资？在公司财务风险、管理风险和产品风险都比较大的情况下，同银行打交道应该是比较稳妥的方法。

阅读心得 ________________________________

____

____

计划和改善的方向 ________________________________

____

____

第七篇

加强营销活动

一、独立自主的营销

二、慎选忠实可靠的营销主管

三、让市场信息灵活

四、不要忽视大企业的营业动向

五、提高知名度及其广告策略

六、树立品牌意识

七、中小企业营销作战法

八、销售组合（4P）的运用

九、提高收款能力，减少呆账

十、营业资料对内机密性

十一、“重点且持续不断”的营销活动

一、独立自主的营销

“营销独立自主权”的建立，对于中小企业的经营相当重要。有许多中小企业，做大企业的供货商，其产品70%供应给某家大企业；有的中小企业外国的某大客户占其生产额的60%以上;有的中小企业的产品委托某一公司作总代理;有的中小企业依赖某大企业的销售渠道等等。利用上述营销方法，中小企业可能因此获利不少，但这却是“营销失去独立自主权”的表现，风险相当大，实有“累卵之危”。若某大客户、大经销商发生变故，企业将面临危机。因此中小企业努力获取营销独立自主权，是企业生生不息的保证。

许多中小企业负责人外语水平低，外贸知识缺乏，不得不委托贸易商打开海外市场。委托贸易商打开市场本身并无可厚非，但集中在少数几家，那么营销自主权将会丧失，企业经营将出现危机。这种例子，在中小企业屡见不鲜。

中小企业要打开海外市场，应先依靠自己，不能单纯依赖他人。某制造圣诞灯泡公司的辜老板原先在一家公司供职，见人家赚钱，自己也开起公司。辜老板初中毕业，外语不行，又没有国际贸易常识，商场经验不足，委托台北市两家贸易商外销。做了半年，有一批400万的货被退回，贸易商拒绝付款给该公司，辜老板货款收不到，开出的支票又到期，最后被迫停业。

二、慎选忠实可靠的营销主管

营销是企业的收益来源，没有收益企业就没有存在的价值。若营销不顺，企业的发展就会受到严重的影响。

“慎选忠实可靠的营销主管”不论对于大企业还是中小企业都极为重要。但对中小企业而言远比大企业更为重要，其原因如下：

- 大型企业能够制度化，制度化的企业内部监督容易；
- 大型企业有稽核制度；
- 大型企业人才多分工细，易于轮调或职务调迁。

大型企业并非不能舞弊，只是在制度化、内部监督、稽核制度、轮调与职务调迁等措施下，除非有极端高明的舞弊手段，否则极易被发觉。

反之，中小企业并没有大企业上述各项制度，再加上中小企业资本小，容易创业，以及一创业后即与原先企业在市场上激烈竞争，因此中小企业“慎选忠实可靠的营销主管”特别重要，营销主管的忠实度应列入最重要的要素。

然而，“营销优则创业”，有多少企业老板是营销人员出身。当忠实可靠人士一担任营销主管后，在花花绿绿大钞洗礼之下难免变质，最后还是走创业之路与原先的企业竞争起来。因此许多中小企业营销主管不是由自己的同胞兄弟担当，就是由自己的儿子或女婿担任，或由老板亲自来担任，或是由大股东中选一人员担任。

林老板原在大企业服务，后来自己创办了电子公司，提拔十余年的老部属张先生为营销课长。不料张课长一心想创业，便以营销课为根据地发展起自己的事业。价格(营销额)以多报少，好的订单转给其他同行而赚起佣金，营销费用以少报多，虚报公关费用，私吞部分广告费用等，待林老板发觉时，营销课已摇摇欲坠。不得已，只能从厂务部调林老板的弟弟林副厂长来主持营销课，自此营销课才有转机。

三、让市场信息灵活

信息不灵活是中小企业的重要缺陷之一。中小企业销售网不易建立，即使建立也不够牢固，市场信息的获取不是太慢就是不甚正确，在市场竞争日益激烈的今天，的确给企业经营带来诸多不便。

中小企业市场信息不灵活，其原因有下列几点：

- 经营者不重视；
- 经营者虽重视，但不知如何去做；
- 中小企业人手不足，在精简原则下，市场信息的收集被疏忽。

市场信息不灵活，就好像蒙着眼睛经营一样，是相当危险的，中小企业更是如此。

其实，中小企业人才缺乏，不能像大企业一样建立强有力的信息网，而只要设立固定的“市场信息收集据点”，同业间的市场竞争策略与市场动态很快会通过该据点传递至中小企业来。最简单的方法莫过于另外成立一家分公司，经销同业重要厂商的产品。当然该公司纯以销售为主，独立经营，但背后却为这家中小企业所建立的据点收集信息。

东亚电线厂有员工60多位。邬厂长在市区繁华地段设立了一家电线经销店，经销各名厂的电线。请其堂弟来帮忙经营。其实这家经销店便是东亚电线厂市场信息收集的据点。

四、不要忽视大企业的营业动向

中小企业人才不足，没有专门的企划人员，营销企划几乎由中小企业老板一手包办。但中小企业老板过于忙碌，也没有太多时间从事营销企划，于是市场战略不够灵活。

大企业营业策略的改变，对中小企业而言，无疑是“台风”来临。在平静无波的市场下，中小企业没碰到什么大企业的压力，倒无所谓。然而在市场不景气，物价波动、成本高涨等经济波动情况下，大企业有专业的企划人员，研究各种市场策略，以决胜于激烈的竞争市场。这时中小企业若不密切注意大企业的营业动向，加以判断，并采取有利的措施，可能会遭遇倒闭的厄运。为趋吉避凶，中小企业绝对不能疏忽大企业的营业动向，并要勤加研讨，当机立断，采取有利于自己的市场策略。

东升电业公司曾因一时的虚假景气，差一点被迫歇业。原来当时市场竞争十分激烈，自石油涨价后，迫使物价上涨。东升电业公司近三个月的业务不振，成本高涨。不料大厂拒绝报价而且停止接受订单，许多电线经销商纷纷向东升公司采购，东升公司鲍老板有订单就接。一周后，大厂商涨价15%，铜价又跟着涨价。东升公司面对铜价高涨但由于已签订合约电线价格无法上涨的情况苦不堪言！

五、提高知名度及其广告策略

提高知名度是每一家企业所必须做的。大企业营业额大，广告预算多，而中小企业营业额小，广告预算相应就少，因此中小企业为提高知名度，绝对不能运用大企业的广告策略。大企业的广告方式中小企业花费不起。

中小企业用广告提高知名度，必须注意下列原则：

- 广告费用特别高的策略不能采用；
- 广告费用应尽量节省，广告一定要有促销的效果。

数年前，笔者曾参加过新光人寿保险公司总经理吴家禄先生的演讲会。吴总经理妙语连珠，博得如雷的掌声。

新光人寿保险公司在创业初期业务不多，为打开知名度，着手两项“提高知名度”的策略：一是举办全省小学生书法比赛，二是“一元广告活动”。这种节省广告费用，打开知名度的做法，值得中小企业效仿。

新光人寿保险公司举办的全省小学生比赛为大楷书写“新光人寿，造福社会”。全省小学生练习大楷尽是写“新光人寿”四个字，无形中将“新光人寿”知名度深植于小学生脑中，并传播给学生的父母亲及兄弟姐妹。这的确是了不起的强化知名度的做法。

至于“一元广告活动”是在电影院展开的。电影上演前的广告，其费用浩大，但新光人寿保险公司在电影上演中，假借寻人启事，只花一元钱在银幕上显现“新光人寿王某某找”，从而达到提高知名度的效果，真是手法卓越。

除了上述的例子，下列几条不失为既能节省费用又能确实打开公司知名度的做法，可供中小企业参考：

● 公开演讲，提高公司的知名度。许多中小企业的负责人口才流畅，学识丰富，参加协会、公会或其他社团，常借主持公开演讲会来提高公司的知名度。这对创造中小企业的业绩很有帮助。

● 做好公共关系，提高公司知名度。

● 或自己写文章，或请人写文章，在发行量大的报章杂志上以公司名义发表，以提高公司知名度。

六、树立品牌意识

国内企业品牌营销意识的崛起和体系的发展是近两三年的事情，随着企业发展不断壮大、市场竞争白热化，经历了质量营销、服务营销、产品营销、概念营销等阶段后，才逐渐形成体系，并成为企业参与市场竞争的主要手段。

1．品牌意识的误区

中小企业的经营管理者虽然意识到树立品牌的重要性，但在品牌策略实施中，还没有掌握建立品牌的方法，还没有领会做品牌的精髓，在树立品牌的过程中，急功近利，形成了许多误区。

⑴ 仅追求销售量的增长，忽视品牌的建立

中小企业由于规模小，提供产品和服务的能力有限，很多老板认为做品牌需要投入大量的资金和人力、物力，中小企业无力承担，那只是大企业的事情，当务之急是打开市场，提高销量，积累资本，在市场上站稳脚跟，解决生存问题。因此，很多中小企业缺乏清晰的品牌发展策略，他们以提高销售额为经营目标，考虑的是短期利润的最大化，形成了营销观念上的短视。

⑵ 盲目跟风，品牌定位雷同

中小企业市场调研不够，缺乏对消费者行为、特征深入细致的了解，很难发现一个潜在的未被满足需求的子市场，更无力去设计新产品，开发这个新市场。品牌定位时，更多的时候是走捷径，看到别的行业、别的品牌产品获得成功，便不加分析地跟进，推出的产品与竞争产品相比没有任何差异，使用的营销策略类似，品牌无个性，市场竞争能力低，最终被市场淘汰。

⑶ 有品牌外衣，无内涵

许多企业在品牌建设方面多年来都浮于表面上的形象宣传和塑造，起英文名、花巨资打造新标识，以求提升知名度和影响力，但是往往忽视了存在于企业内部的综合实力的打造和提升，使得许多企业的品牌成了一个美丽的空壳，内部没有得到来自于产品工艺和质量、企业服务和企业文化等诸多因素的支撑，最终造成企业的品牌与市场表现差距较大。

2．如何树立品牌

中小企业应从满足目标市场需求出发，灵活运用各种营销策略，选择适合于自己成长发展的品牌策略，在对企业外部环境机会、威胁和内部资源优势、弱点进行全面科学分析与论证的基础上，从小品牌做起，慢慢成长壮大，成为强势品牌。

中小企业受自身资源的限制，应选择单一品牌策略。当中小企业开发新产品时，应借助自身品牌已有的知名度和品牌形象，以较低的推广成本、较快的速度将新产品推向市场，从而为新产品进入、占领市场赢得时间。企业集中促销、统一宣传，既可大大节省推广费用，又可显著地提高品牌知名度和品牌价值，获得更大的品牌效益。新产品如能利用现有的品牌效应，一经投放市场便能占有一定的市场份额，就能加快企业生产的专业化、规模化进程，企业也就能得到长足发展。中小企业必须集中力量做好现有的单一品牌，使之在一定区域内成长为名牌，待企业壮大到一定程度后再选择多品牌策略。

品牌是中小企业品牌策略的核心要素，它作为企业产品和服务质量、管理水平、信誉和形象的载体，随着时间和知名度的提高，成为一种无形的财富。品牌设计好了，品牌策略的基础环节就搞好了。在品牌设计方面切忌落入俗套，如在品牌构想上总是以花草、景观、吉祥等大众性的思路来创意，似曾相似，毫无特色。

产品是品牌的载体，消费者之所以要购买商品，本质还是消费者需要产品的使用价值，优质产品和服务是品牌发展中重要的基石。中小企业必须在产品质量上保持符合品牌定位的水平，对市场预测、产品设计、生产制造、售后服务等全过程实行全面质量管理，以保证产品质量长期稳定与一致，保持企业发展的可持续性和品牌的生命力。

七、中小企业营销作战法

中小企业绝不能走大企业的营销战略。大企业规模大、人员多、资金充裕，采用营销战略的目的在于获得广大市场、广大客户，扩大营业额。

中小企业规模较小、人员较少、资金有限，营业战略自然要与大型企业有所差别。规模小、人员少的中小企业，目的不应在于扩大市场、客户与营业额，因为中小企业对大市场根本无法消化。

中小企业应发挥其灵活的优点，选择目标市场与有希望的客户，做重点突破，采用“螺丝钻”的营销战略，在广大的市场中获取稳定的“根据地”，对这些“根据地”加强营销促销，使之成为忠诚的客户。若不采用“螺丝钻的营销战略”，中小企业在竞争激烈的市场中，难与大企业竞争，最后将丧失“根据地”，直至在市场中消失。

八、销售组合(4P)的运用

销售组合4P(Price, Product, Place, Promotion)经常是中小企业薄弱的一环，大多数中小企业的销售拓展力很微弱。

1. Price

大多数中小企业产品的定价，已经没有策略可用。中小企业产品的成本往往偏高，并且在成本会计未健全的情况下，产品真实成本很难掌握。不少中小企业根据直接成本定价，亏了都不知道。也有不少中小企业产品成本高，定价偏高从而失去顾客。

2. Product

中小企业产品是否能真正反应市场的需要，产品品质是否合乎客户的要求，新产品是否有能力去开发拓展市场，这些都存在问题。因为中小企业本身体质虚弱，人才不足，对产品研究与开发往往是“心有余而力不足”。

3. Place

中小企业对产品的分销无法像大企业一样遍设销售网，投入大，这是中小企业负担不了的，其实也不必负担，中小企业对产品销售分配，不必在广大地区设销售网，除非它已逐渐迈向大型企业。中小企业应珍惜自己的资源，重点选择数个有潜力的大市场全力经营，切忌将力量分散。公司、门店的选择，促销活动的增强，对中小企业营业绩效的好坏，有举足轻重的影响。

4. Promotion

中小企业对产品的推广力量薄弱，薄弱的力量不宜应对广大的市场，而应选择数个最有潜力的市场，进行“深耕式的促销活动”。

“深耕式的促销活动”应发挥中小企业特有的灵活性，对有利的重要市场不断地钻研与深入;对与中小企业营销最有帮助的人应保持直接的联系、持续的交往。此种“深耕式的促销活动”也就是“螺丝钻式的营销战略”。

九、提高收款能力，减少呆账

中小企业人手不足，往往会疏忽收款工作，从而造成呆账的现象，这是十分不明智的。景气好时，呆账情形少，遇到不景气，呆账情形接踵而至，情形严重时会使中小企业血本无归。

许多中小企业不是因为没有销路，而是因为呆账太多影响利润并发生周转失灵，不得不宣布歇业。销货而不收款，倒不如不卖，因此中小企业要加强收款能力并努力消灭呆账。商场上诈术太多，经济犯罪、恶性倒闭等事件层出不穷，中小企业要多加小心。以下几点与中小企业共同研讨与勉励：

- 买卖算分，相请不论；
- 销货是徒弟，收款是师傅；
- 欠账走主顾，收账是顾客；
- 亲父子，明算账；
- 倒账十万，并非营业额减少10万，而是利润减少10万；
- 倒账减少1%，就相当于营业额增加100%。

为使产品在销售后能早日收回货款，中小企业的营销人员应做到下列三件事：

● 对客户进行信用调查

即在产品出售或送货前，对客户进行信用调查，避免他日货款收不回来。对客户进行信用调查必须注重“4C”，即客户的人格(character)、客户的能力(capacity)、客户的资本(capital)与客户的运营现状(condition)的调查。

● 客户别(产品别、销售人员别)货款回收的分析

对于货款回收太慢的客户或销售人员，应特别加强货款的回收。

● 强化收款技术

借强化营业人员的收款技术以加速货款回收、减少呆账发生。通常收款技术加强方法有三种:研究适于收款的表情与态度、研究诉苦的方法、研究收款的黄金时间从而确定收款日期。

十、营业资料对内机密性

营业资料对外当然是机密的，因为没有一家企业愿意将自己的营业资料向同业公开。然而营业资料对企业内部也应有一定的机密性，中小企业更应如此。

大型企业（尤其是上市公司）营业资料有一些是必须公开的，如年营业额、每月营业额、营业增长情形、营业方针、利润率、客户分布等。甚至大企业还以营业额、营业增长率、利润额、利润率、产品成本等设定目标，根据员工达成目标情况，来发绩效奖金。

中小企业最好不要像大企业那样。中小企业营业资料对内应保密，原因是将利润额、利润率、营业额、营业增长率、产品成本公布后，常易激起员工创业的雄心而造成“企业分裂”。

大企业规模较大，员工创业不易，即使创业，对原先企业影响也比较小。中小企业规模小，员工易于筹措足够的资金，创业容易，一旦创业就会对原先企业造成很大伤害，因此，中小企业营业资料对内要保密，以免激起员工创业雄心。

有些中小企业推行绩效奖金制度，其绩效项目的拟订就应慎重考虑。在生产工厂，应以生产量、产品品质等目标为绩效考核指标，而不应将产品成本、营业额或利润额等列为绩效考核指标。在营销部门，应以营业量、营业额，收款率、交货率等为绩效考核指标，不要将产品成本或利润等列为绩效考核指标。

十一、“重点且持续不断”的营销活动

提高知名度，增强销售力，加强促销策略与活动，加强销售网收款管理，编制营业报表，加强营销人员训练等营销管理制度强化工作，对于中小企业与大型企业都十分重要。所不同的是：若要全部强化，所需的庞大费用恐怕中小企业很难或不愿负担。在这种情形下，中小企业可采取的营销策略有下列几种：

- 选择重点，彻底执行，使其有效；
- 将时间拉长，持续不断地进行，自然会有效果；
- 前期做粗劣一点，待企业规模扩大时，再做得细致或彻底些。

重点提示

1．如何才能稳定经营？营销独立自主不容忽视。如果贵公司是供应厂商，那么您有多少营业额依靠一家大企业？您掌握了自己企业多少自主经营权呢？

2．贵公司的营销主管是否为您的“左膀右臂”？您对他的信任度有多高？

3．在信息化的时代经营企业，灵活、快速地掌握市场信息意味着可以率先占领商机。那么贵公司都是通过什么方式收集市场信息的呢？

4．现在早已过了“酒香不怕巷子深”的时代，通过广告提高知名度已经成为大多企业采取的做法。然而，广告是把双刃剑，运用得好，可以大大帮助企业发展；用得不好，不但对企业毫无帮助，反而会伤及自身。那么中小企业做广告应该注意什么？本篇的第五节对您有什么启示吗？低投入也可以获得良好的广告效果，关键是创意！

5．您所理解的品牌是什么？贵公司制定了哪些品牌策略，以助自己的企业从小品牌慢慢壮大为强势品牌？结合本篇第六节，反观一下贵公司的品牌策略是否需调整和完善。

6．销售组合中的“4P”包含哪四个方面？您可以考虑从中小企业最弱的这四个环节入手，制定自己的营销策略。

7．“呆账”是不是您一直很苦恼的问题？本篇第九节列举了哪些加强收款能力、消除呆账的方法？您认为还需补充吗？

8．避免呆账的产生应当对客户先进行信用调查，那么对客户先进行信用调查要注意哪“4C”？

9．大陆中小企业经营者欠缺“永续经营”这一理念，那么读完本篇后不妨给自己的企业拟订一个“持续不断营销”的方案。

阅读心得 ____________________

____

____

____

____

____

计划和改善的方向 ____________________

____

____

____

____

第八篇

提高生产活动的效率

一、稳定生产技术

二、让可靠人士掌握生产技术的核心

三、不让少数员工垄断生产技术

四、降低员工流动率

五、加强生产技术训练

六、低成本自动化

七、品质力求稳定

八、确保交期

九、产销协调

十、多种少量订货生产的生产管理

一、稳定生产技术

中小企业与大企业在生产技术上差别显著，一般说来中小企业的生产技术相对来说较不稳定。中小企业生产技术较不稳定的原因，一般说来，可归纳为下列几种：

- 中小企业人才较少，技术研发力量差；
- 中小企业人员的进修与培养较大企业少；
- 中小企业设备较大企业少或较不精密；
- 中小企业员工流动率大，影响技术的稳定性；
- 中小企业生产技术往往被老师傅所掌握，而且不愿公开。

以上五种因素，若不设法加以突破或解决，则会影响中小企业生产技术的稳定性。当然这些因素要完全消除并不是轻而易举的，我们只能尽自已的能力，尽量去克服或减弱这些不利因素，提高中小企业生产技术的稳定性。

要消除上述五种因素，增加工厂生产技术稳定性，本文将从“让可靠人士掌握生产技术的核心”、“不让少数员工垄断生产技术”、“降低工厂员工流动率”、“加强生产操作技术训练”、“低成本自动化”几个方面进行探讨。

二、让可靠人士掌握生产技术的核心

生产技术的核心是工厂发展的命脉，需要可靠人士掌握。否则企业细胞易于分裂，引起更激烈的竞争，从而影响到企业本身的繁荣与生存。生产技术的核心应由对企业忠实可靠的人士来掌握，这是前文“慎选企业四大支柱”的延伸。许多饮料厂的饮料配方，都由子女、兄弟或兄弟的子女等极为可靠的人员掌握。

日本YKK拉链公司是世界级企业。然而，在创业之初YKK拉链公司也是典型的技术极不稳定的中小企业。YKK拉链公司是如何稳定生产技术的呢?二战前的YKK拉链公司，依靠老板吉田忠雄的二哥久松，从基础干起，吃苦耐劳，学会了生产技术。现引用《经济日报》一位记者的著作《一条拉链拉出来的故事》一书中几段文字来说明:

新加入的久松，并不因为是老板的哥哥而自居特殊地位，他与所有新进从业人员一样，由基础干起。久松先去学制造技术，他花一年的时间进行彻底的了解，这份热忱与虚心，使忠雄深深感动。对整个工厂的管理而言，也树立了很好的榜样。久松深知自己对拉链制造知道得很少，所以找了严格而又技术最好的技师永田秀夫为师，从最难的拔齿工作开始学起。

在严厉的永田秀夫的指导下，久松的技术日益增进。受训结束后，久松的体重减掉了20公斤，从此忠雄也多了一位强有力的助手。

以上的故事，可以得出下列两点启示:

● 中小企业技术稳定十分重要，技术核心应由可靠人士掌握，这一点相当重要。久松是老板吉田忠雄的二哥，技术稳定自不成问题。

● 在中小企业经营中，好的家族成员才有资格加入企业的行列，此即改良式家族企业。久松从基础干起，摒弃了特殊身份，热心、虚心、勤奋地工作，这便是中小企业所需要的优良而模范的家族成员。

三、不让少数员工垄断生产技术

不少中小企业的重要技术都让少数老师傅垄断，这种方法不可取，应该在制造部门推广生产技术，否则工厂生产技术的瓶颈无法突破，企业会被这些少数老师傅“勒住脖子”，只能靠这些少数老师傅吃饭了。

汉声化工公司一位老师傅王定国掌握了配方技术，无论如何也不告诉其他人。钱老板与柯厂长经常鼓励王定国师傅将配方技术传给同事，但是王定国依然我行我素，不愿透露配方技术。王师傅小学毕业，学历很低，他认为公司现在看重他，是因为他掌握了配方技术，要是把配方告诉学历比他高的同事，老板就不会重视他了。力求自保，他不愿公开配方技术。认为反正钱老板与柯厂长不敢对他怎样，只要善加应付，就可相安无事。汉声化工公司生产技术的瓶颈一直无法解决，王定国若因事请假三两天，则工厂生产就不能顺利进行。像这种情形，不少中小企业都发生过，但没有彻底解决。

中小企业生产技术不能被老师傅所垄断，应利用种种方式打破技术被少数员工垄断的局面，如此一来，企业才不至于出现种种生产技术的瓶颈。打破少数员工垄断生产技术的局面，其可行方法有下列几种：

- 加强分工，分工后员工进行技术训练；
- 重要而忠实的技术骨干纳入经营班子，使之成为企业四大支柱之一，由这位技术骨干加强培养技术人员；
- 将老师傅升为主管并给予相应的薪资，升为主管前先训练其“如何当一位杰出的主管人员”；

- 升任为主管后，用工作目标、职责与任务，促使老师傅将生产技术下授，否则工作目标不易达成，职责与任务难以完成；
- 培养有潜力的工科出身的员工研究生产技术，或派往厂外或国外研习必要的生产技术，回来后促其加强对员工的生产技术的训练；
- 与国外厂家技术合作，技术教导。

以上六种方法，必须考虑企业内外的种种因素而后决定用哪一种方法对企业最有利且确实可行，不合适的方法，千万不要盲目去试行。

除上述六个方法外，特别要说明的是可以将下列两点结合起来运用，对问题的解决很有帮助：

- 加强分工，分工后对员工加强技术训练；
- 员工熟练后，加强工作的轮调。

海岛针车公司成立近十年，李长兴老师傅为该公司装配组的组长。组长仅是职位，其实李长兴与生产线上的装配工毫无两样。原因是李长兴资格老，建厂时就来了，不让他当组长，好象是与他过意不去。李先生对装配工作非常熟，整台针车的装配由他负责，除了丁厂长外，别人无法越俎代庖。李长兴自认为了不起，也不传授他的部属有关装配的技术，工作进度随自已喜好与情绪而定，丁厂长事多，没有空闲来管。然而海岛公司生产近来变得极端不顺，迫使丁厂长破釜沉舟，花一段时间来整顿。先是加强分工，分工后对员工加强技术训练，员工做熟了，便加强工作的轮调。经过一年多的惨淡经营，辛苦总算有了回报，如今有四五位员工能够从事装配工作了。李师傅垄断生产技术的问题得以解决，生产技术已经不为个人掌握而公开于生产线上了。

四、降低员工流动率

员工流动率大，工厂技术与管理就很难生根。熟练的员工一跑掉，生疏的员工未进入状态，企业不得不加紧训练，等训练得差不多时，又辞职等等。工厂熟练员工跑光，老是留下不熟练的员工，这样一来，生产技术怎能稳定!

因此，企业应设法维持较低的员工流动率。员工流动率高的企业，为使生产技术能够稳定，降低员工流动率是刻不容缓的重要课题。欲降低员工流动率，可采用下列方法：

- 工厂厂址的选择，尽量选在劳动人口多或大住宅区附近；
- 管理制度健全化，指挥系统明朗化；
- 人事制度善加规划，加强员工招募工作；
- 不断改善福利措施；
- 重视安全卫生工作；
- 薪资制度合理化；
- 加强员工教育训练的；
- 培养主管的领导能力及管理才能；
- 培养员工的敬业精神；
- 关心员工，照顾员工。

千万不要让自己的企业成为“员工训练所”。市场上也有不少企业，其员工上进心极强，但员工流动率并不高。可见事在人为，只要对上述十项多加注意及考虑，员工流动率就可以降低。

五、加强生产技术训练

一般而言，对生产技术训练，大企业做得多，中小企业经常疏忽。笔者常与中小企业的高阶层主管谈及这个问题。这个问题之所以存在于中小企业，较重要的原因笔者归纳有：

- 中小企业员工流动率高，于是中小企业高阶层主管认为，对员工生产技术训练所投入的费用，常因员工的流动而很少得到回报。

- 中小企业员工招募不易，人员不充足，在急着赶工的情形下，未事先加以训练，就马上投入生产线。

- 不少中小企业对产品品质重视不够，新进人员未训练就投入生产线。一旦产生不良品，员工常将其混入良品中，或用其他瞒天过海的手法混出厂。

- 不少中小企业高阶层主管认为新进人员在生产技术训练期间，不从事生产工作都照拿薪资与福利，实在是种浪费。

以上几种错误的观念，使中小企业普遍生产生产技术训练，而造成生产技术不稳定现象。中小企业若安于现状也就算了，若想更上一层楼，继续繁荣发展下去，则生产技术训练的加强也是刻不容缓的重点工作。

六、低成本自动化

中小企业设备不足或设备不够精良，也是造成生产技术不稳定的原因之一。设备的投资牵涉面很广，如市场、财务、投资报酬等等问题。固定资产投资与机器更新不能盲目进行。这需要企业家的眼光与决断力，当然更加需要魄力与勇气。

不过低成本自动化似乎可以弥补生产设备的不足。通过双手与大脑以及简易的低成本自动化工具，可大幅度提高生产效率，并对生产技术的稳定有极大的帮助。

七、品质力求稳定

品质不稳定是影响中小企业稳定与成长的致命伤害之一，许多中小企业驻足不前，主要原因就是品质不稳定与交期不确定。中小企业因品质不稳定而使客户避而远之的例子实在不胜枚举。比如在台湾，曾出现过汉堡牛肉事件，即美国给狗吃的牛肉进口到台湾来，制成汉堡。当时报纸报道出来后，舆论一片哗然。

在震惊全国的阜阳假奶粉事件中，一些劣质奶粉质量虽差但包装并不逊色，有的甚至打着“国家免检产品”、“保险公司质量承保”等标志，令人真假难辨。但是婴儿吃了这些奶粉后会患营养不良综合症，浮肿、腹泻、高烧不退，甚至导致死亡！按照国家标准，刚出生婴儿吃的奶粉，每100克的蛋白质含量应该是18克，而这些奶粉，每100克蛋白质含量大多为2～3克，最低的只有0.37克，营养甚至还比不上米汤。

2006年5月国家药监局通报，广东发现部分患者使用齐齐哈尔第二制药有限公司生产的“亮菌甲素注射液”出现了严重不良反应，要求各地立即停止销售该企业的所有药品。经调查：犯罪嫌疑人用二甘醇假冒丙二醇，销售给了齐齐哈尔第二制药公司，而药厂又违反有关规定，将二甘醇辅料用于生产，含有二甘醇的亮菌甲素注射液是导致病人肾功能急性衰竭的直接原因。药品直接关系到患者的生死，所以，对它的监管尤为重要。百年老店同仁堂有这样一副对联：炮制虽繁必不敢省人工，品味虽贵必不敢减物力。这就是说，药品一分一毫的偷工减料，都会影响到救死扶伤的大事。对于药厂来说是这样；对于监管部门来说，在管理上更不能偷工减料。

从以上的例子，简单地了解到中小企业若要持续繁荣，绝不能贪图一时之小利而偷工减料。维护信誉，加强产品品质稳定性，是中小企业成功的重要保证。

从以往的经验和案例中可以看出，中小企业产品品质不稳定，其原因不外乎下列几种：

- 市场竞争激烈、产品利润微薄，中小企业没有维护品质的决心，为了确保利润而偷工减料；
- 设备不足，技术不稳定；
- 人员生产技术训练不足；
- 人员流动率太高，生产技术未能生根于中小企业内；
- 品质缺乏有效管理，品质保证不受重视，生产只是赶数量与追求进度，品管的报表只是应付外销商品检验等要求而已；
- 产销未能协调。

针对上述种种原因的改善，当先从两方面着手：首先，要下定决心做好品质，杜绝偷工减料；其次，推行品质管理活动。双管齐下，相信只要彻底执行下去，产品品质一定会提高。

八、确保交期

中小企业与大企业竞争最大的长处就是供货灵活，若中小企业缺少供货灵活的条件，交货期常常被延误，则将丧失中小企业最有利的竞争武器。

商有商机，商机一消失，即丧失了交易的意义。千万不要因为交期的延误，而让客户丧失了商机，从而造成客户巨大的损失。在不景气时，不少企业因为交期延误，使客户丧失商机，在极端恼怒之下客户退货。退货轻者造成中小企业艰苦经营下去，重者周转失灵而歇业，所以一定要慎重。

交期延误是企业的致命伤害之一，中小企业若能在交货准时、缩短交期方面下工夫，企业必然会欣欣向荣。交货要准时，必须消灭造成交期延误的种种原因。一般而言，中小企业交期延误主要原因有下列几种：

- 订单特别紧急，勉强接下来，以致交期延误；
- 从接到订单到安排生产的过程复杂或效率低下，以致本来来得及的订单也延误；
- 产销配合不良或不完全，也容易造成交期延误；
- 生产计划安排不理想，即生产能力没那么大，却硬要接那么多的订单或排那多的生产量，以致交期时常延误；
- 品质不稳定，高的不良率，造成出货产品的缺乏，以致延误交期；

● 物料管理不良，造成账、物不一致或停工待料，而影响准时交货；

● 生产效率低或不稳定，造成本来可以准时交货，最后以交货延误结局。

为确保交货准时，必须“产销配合”与“强化生产管理”双管齐下，否则的话交期会一直延误下去。产销的协调和生产管理的整顿，是确保交期的重要因素。

至于如何缩短交期以提高中小企业在市场上的竞争力，就要研究中小企业提高生产力之道。凭借生产效率的提高，增加单位时间内的生产量，原来消化不掉的订单或可能交期延误的订单，不就可以很快地交货了吗?

我们要铲除影响生产力进步的各种不利因素，让生产力节节上升。要铲除各种阻碍生产力进步的因素，就要深入研究图表 8－1。

图表 8－1

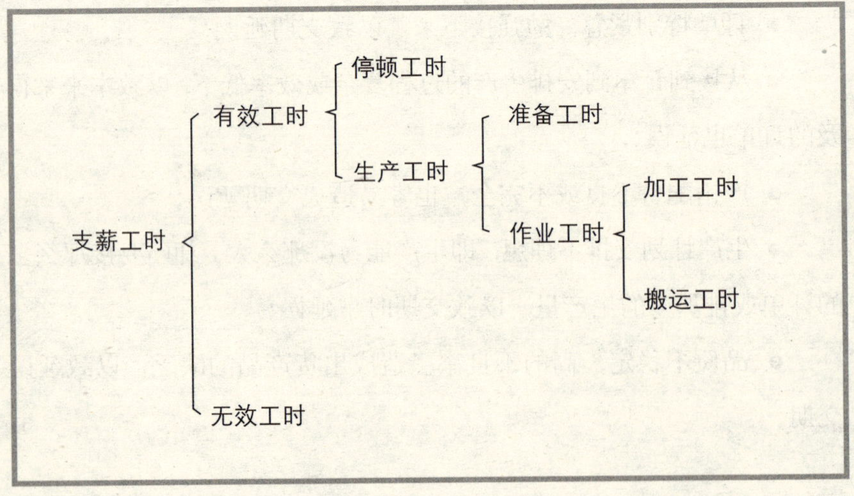

支薪工时是企业支付薪资的工时，若一天上班8小时，则支薪工时为8小时，若一天加班3小时，则支薪工时以11小时计算。支薪工时分为无效工时与有效工时两部分。

无效工时指虽然上班，但对于生产来说完全无效的工时，如规定早上8:00上班，但机器迟至8:15才开工，则15分钟为无效工时；规定中午12:00才下班休息，但员工11:40已停机去卫生间了，则11:40~12:00之间的20分钟即为无效工时。有效工时为支薪工时减掉无效工时的剩余值，即对工厂生产有帮助的工时。若一个生产单位有效工时长而无效工时短，很显然这个生产单位的生产力较高。

有效工时又分为停顿工时与生产工时两部分。停顿工时是指一切已准备就绪但生产条件不足而使生产停顿的工时。使生产停顿的现象，根据笔者归纳的可分为下列七项（参阅图表8-2）。

- 人力问题；
- 机器设备故障；
- 等待材料；
- 缺水、限电；
- 零件太差；
- 设计错误。

生产工时是指直接工时，是不折不扣花在生产上的时间。生产工时又因为生产状况不同，分为准备工时与作业工时。所谓准备工时是指作业进行之前作业条件的准备时间。如换模或机器调整的时间，就是准备工时。

图表8－2　停顿非生产性工时

原因	停顿原因
人力问题	出勤率太低
	离职太多
	员工偶发性情绪低落而停工
	在公司规定时间内休息（10:00～10:10）
	环境不理想、通风、温度不良造成停工
	受伤
机器设备故障	机器使用年限太久，导致故障
	员工使用机器方法不当，导致故障
	机器没有经常保养，导致故障
	机器设计不良，导致故障
	机器构造和性能不良，导致故障
	润滑保养未能按规定实施，导致故障
待料	供应厂商交不出货，导致待料
	外购品无法及时供应，导致待料
	零件太多，以致漏开或迟开某项零件的订单
	采购处买不到货导致缺料
	采购处采购太迟导致缺料
	零件被验收中心批退
	材料实际用量超过计划或采购数，导致缺料
缺水、电气	限电停水，导致停工
	电力系统缺乏保养，导致损坏而停电
	用电超过负荷，导致停电停工
	电路设计不良，导致短路停电
零件太差	采购规范说明不详尽，导致所买的货太差
	采购规范说明和规范错误，造成零件不合规格
	供应厂商所交的货不合采购规范，导致不合规格
	厂内零件单位加工不良，影响装配线停工
设计错误	设计人员设计错误，导致生产停顿和耗工
	模具设计和工具设计不良，造成生产停顿
	所设计的产品的规格，机器无法生产
其他	厂内没有专门负责搬运和检修的人员，当产品要搬运或出现不良时，由生产人员来搬运、检查和修理，导致生产停顿
	生产人员也做其他工作，如清洁、保养等

作业工时是指进行生产作业所花的时间，通常又分为加工工时与搬运工时。搬运工时即进行生产作业中，搬运物料的时间。加工工时是指作业工时中扣除搬运物料时间所剩的那一部分工时，也就是在生产作业进行中，真正使产品增加附加价值而改变形态的那段时间。

缩短交期在于提高生产力。中小企业生产力的提高，在支薪工时8小时(假设不加班)的情形下，其努力途径如下：

● 消灭无效工时，使有效工时维持8小时。上班铃声一响即准时开工，工人不随意离开生产线；下班铃声响后，工人才离开生产岗位。现场主管对生产线的纪律应加强。有的工厂规定上班8小时，其实有效时间只有或不到7小时。在这种情形下，生产力如何能提高？

● 停顿工时尽量减少，生产工时尽量增加，其最好的标准为生产工时等于有效工时。也就是说生产线停工是最要不得的。

● 准备工时尽量减少，作业工时尽量增加。这就要求模具更换及机器调整时间尽量减少。丰田式生产管理强调换模时间不得超过一位数即在9分钟以内，以提高生产力。

● 作业工时中，搬运工时尽量减少，而加工工时尽量增长。加工工时中，再加强工作安排与省工省时等工作设计，以促进生产力。

这些提高生产力的努力，在于现场生产主管的领导。主管领导的良莠，对部属生产士气影响很大。生产士气的高低决定了生产力的高低。因此现场生产主管领导与管理能力的培养是刻不容缓的重要课题。

“部属士气低落”、“部属缺乏工作热诚”、“部属事事不关心，对问题毫无反应”、“部属在工作岗位处处出差错”、“部属心不在焉，缺乏责任感”等等，这一些带给现场生产主管强烈的挑战。于是现场生产主管便要学会“如何关心部属”、“如何培养部属”、“如何了解部属”、“如何激励部属如何设定工作目标”等领导与管理的才能，影响部属、组织部属，达到提高生产力的目的。

九、产销协调

中小企业由于缺乏产销政策与产销协调，易于造成制造现场的混乱与低效率。中小企业的灵活性虽然重要，但“顾客优先主义”若强调过分，如接受过分紧急的订单，往往造成制造现场不时变更制程，从而造成生产力的低落与品质不良的增加。特殊规格以及数量太小的订单接得太多，只会增加现场的制成品的成本而已。

产销为企业两大支柱，必须多加协调才好。良好的协调，有利于企业产销，获益无穷。协调不良，则造成企业莫大的损失。

大德玻璃公司营销部接了很多紧急且规格特殊量又少的订单，指定工厂限时完成并交货。李厂长想与营销部谢经理协调，谢经理却总是以“顾客就是上帝”、“顾客永远是对的”催促工厂赶快交货。但结果大部分的货都延迟了，生产效率降至2/3以下。工厂老是接到客户交期延误与品质的抱怨。

经过了一番产销协调后，管理层将大德玻璃公司的产销政策确定如下：

- 订单在100件以下不接，除非加价；

● 特殊规格的订单要加价才能接；

● 紧急订单，产销两单位必须密切协调，对公司有利的紧急订单可接受，对公司不利的紧急订单不能接受。对公司有利的紧急订单，其范围如下：

a．不得不接受的紧急订单，系指公司为做公共关系而不得不接受的紧急订单；

b．大客户小金额的紧急订单，这种订单接受的目的在于争取大客户的向心力，也就是“放长线钓大鱼”的意思；

c．高价格的紧急订单，如比市面售价高出许多的紧急订单，应该考虑加以接受。

经过总经理产销协调之后，产销政策较从前明朗了许多，产销力量比以前增强了，营业额也增加 30%，交货延迟率减少了一半。

十、多种少量订货生产的生产管理

中小企业的生产管理，应走“多种少量订货生产”方式，若一味追求大企业大量生产的方式，很难与大企业竞争，除非该中小企业经营属于相当稳固的“有特色的经营”。原因是中小企业追求大量生产与大企业竞争，其任务非常艰巨，通常无法及时交货，为摆脱这种困境，中小企业不如回避与大企业的竞争，即所谓避其锋芒，而从事大企业无法与中小企业竞争的“多种少量订货生产”。

所谓订货生产是依据客户的订货而拟订生产活动，若无订单生产即停顿，若订单过多，则要加班赶工。它属于产品种类极多的多种少量生产方式，一切生产深受客户订单的影响。

中小企业绝大部分采用多种少量订货生产方式，其生产管理方法当然也要顺应这种方式，除了少数的化学原料工业。

不仅是中小企业，有的大中型企业也采用“订货生产方式”，所不同的是，大企业的订货生产比起中小企业，数量和批数都多得多。

重点提示

1．核心生产技术是工厂发展的命脉，贵公司的生产技术稳定吗？如不稳定，原因何在？

2．为什么要让可靠人士掌握核心生产技术？如果你的企业是家族企业，那么日本YKK拉链的案例，对您有什么启示？

3．只让少数员工掌握生产技术有什么弊端？贵公司是怎么做的？

4．贵公司是否重视生产技术的训练？如果您觉得企业要发展需要加强生产技术训练，那么该如何加强呢？

5．贵公司是否存在产品品质不稳定的问题？原因何在？贵公司对于提高品质都采取了哪些措施？如果您还为此烦恼，可阅读福友实用企管书系之《品质管理》、《品质管制大全》、《TQM全面品质管理》等品质管理书籍。

6．什么是有效工时？它包括哪两个部分？您能根据贵公司情况绘一张如图表8－1的“支薪工时”的构成吗？然后据此分析贵公司交期延误的原因及解决对策。

7．什么是“多种少量订货生产”的生产管理方式？贵公司采取的是不是这种生产管理方式？如果您觉得本书介绍得不够详尽，可参阅福友实用企管书系之《多种少量生产方式之生产计划管理实务》。

阅读心得

计划和改善的方向

第九篇

中小企业迈向大企业的途径

一、中小企业迈向大企业的条件

二、营业扩大及事业再投资

三、寻找资金的来源

四、寻找人才，多用人才

五、制度化与管理水准

六、家族企业色彩的淡化

七、企业的四大支柱

八、以绩效竞赛激励士气

九、大规模全面市场作战

十、技术研究与开发

十一、多种多量或少种多量的生产管理

十二、开放工厂

十三、内部稽核

一、中小企业迈向大企业的条件

中小企业经营一段时间后，大部分会面临着“如何迈向大企业”的课题。在谈“中小企业如何迈向大企业”之前，让我们先看看中小企业迈向大企业必备的条件有哪些。

1．老板要有扩大事业的雄心

有些老板只为了过把老板瘾，大老板跟小老板还不是同样都叫做老板？这样的老板只想维持小康即安的局面，对事业扩充的雄心不足。对他来说，再投资或转投资已不再有魅力，这种情况下的小企业当然很难发展成大企业。因此老板扩大事业的雄心对中小企业能否成为大企业关系相当大。

2．企业本身是否具有成长的潜力

大部分的小企业要发展成大企业，根本毫无可能，除非改变经营形态。如统一企业的连锁商店改变了面包店式的经营形态，黑面蔡的杨桃汁、百货公司超级市场改变了销售形态等等。因此创立中小企业的同时，就应先考虑该行业成长的潜能。

3．经营管理方式的改变

上述种种突破困境、迈向繁荣的中小企业经营法，有一大部分不但适用于中小企业，同时也适用于大企业，只不过中小企业常疏忽而需要特别加以提醒。有一大部分中小企业其经营与大企业并不相同，这些经营方法足以稳定中小企业的发展，突破中小企业的困境，使中小企业更加繁荣。然而当企业不断发展成为大企业时，这些经营方法要设法加以改变，否则会妨碍企业的发展，阻碍企业的进步。这些特别适用于中小企业的经营方法如“事必躬亲”、“不要轻言授权”、“改良式家族企业”、“勿采用单一路线的经营”、“慎选企业四大支柱”、“管理及作业制度的机密性”、“螺丝钻的营业战略”、“勿疏忽大企业营业动向”、“生产技术稳定”、“谢绝参观工厂”、“多种少量订货生产管理”、“量力而为”等等，应设法改变或加以修正，以迎接迈向大企业的挑战。若疏忽了改变及修正的过程，一味扩大资本，扩大厂房，而没有改变经营形态，这可能造成经营的危机，或企业扩大后再度萎缩下来。针对这些情况，那要怎样改变呢？笔者认为应从组织、职掌与授权，淡化家族企业色彩，多样化经营，寻找人才、多用人才，以绩效激励士气，大规模全面市场作战，树立假想敌，重视技术研究与开发开放工厂，多种多量生产管理，寻找资金来源，内部稽核等方面入手。

4．经营管理顾问

中小企业迈向大企业的过程中，百事待举，中小企业经营者虽然有可能“贤能如唐太宗”，但仍需要宰相魏征。除了发展经营智囊团外，必要时可找经营管理顾问。经营管理顾问的质远重于量，一定要找有资历的经营管理顾问，否则宁缺勿滥。“商场如战场”，有不少企业若不提高市场占有率，若不将企业大型化，则会被同业中大型企业所吞噬。在“物竞天择，适者生存”的法则下，除了少数的中小企业凭借地方特色可以生存外，许多行业终将卷入大规模市场争夺战。

台湾地区80%以上的陶瓷业集中在莺歌镇。数百家陶瓷企业挤在弹丸之地，本来相安无事。但近年来，瓷砖类窑业工厂大力更新设备或引进新设备，再加上市场激烈竞争，许多小陶瓷厂纷纷关闭，长此以往，数年后可能演变成几家大企业的市场争夺战，众多中小企业若缺乏特色，恐怕很难生存。

面临这些残酷的事实，中小企业除特色经营外，恐怕只有走扩大企业规模这条路了。至于中小企业如何迈向大企业，这是非常有意义的课题，值得予以特别研究。

二、营业扩大及事业再投资

中小企业欲迈向大型企业，最根本的是营业额增加或企业产品处于供不应求状态。营业额增加或产品供不应求，也可能是因为市场随着经济的发展而自然发展，也可能是中小企业本身市场策略运用成功从而提高了市场占有率。不管怎样，营业额的扩大或产品供不应求是中小企业迈向大企业的开端，而中小企业仅靠市场自然扩大而造成营业额增加或供不应求，并不能保证中小企业能大型化，充其量只不过营业额增加而已。企业从中小型要迈向大型化，必须有其他因素的配合。

投资、再投资是中小企业迈向大型化很重要的因素。中小企业只有经过投资再投资，才能发展成为大企业。因此中小企业要转变成大企业，老板必须具备雄心万丈的胸怀，若保守并满足于中小企业现状而不再投资，企业是无法走向大型化的。

三、寻找资金的来源

中小企业成长为大企业，必须经过投资、再投资的过程。企业投资需要很多资金，因此中小企业要发展成大企业必须设法寻找资金。虽然有的企业盈余公积可观，但只依赖盈余公积往往是不够的。一般企业的资金来源有下列几种途径：

- 股东投资；
- 银行贷款(包括各种银行、信托公司等)；
- 员工存款；
- 发行票券；
- 企业盈余公积；
- 民间借款；
- 国外财团贷款；
- 发行债券；
- 股票买卖。

上述九种途径，都是可行的途径，但究竟采取哪几种途径比较好，还必须考虑下列因素：

- 企业需要资金的多寡；
- 企业本身的条件；
- 获取资金的难易程度；
- 获取资金所需费用及资金成本。

资金的筹措在中小企业迈向大企业的过程中，通常扮演着重要的角色。只要有良好的事业计划、正确的资金使用途径与健全的财务计划，就可放心贷款并借其他各种途径筹措资金。当然不自量力的资金筹措计划，是不可取的。

四、寻找人才，多用人才

为追求高度的效率化，中小企业老板本身常事必躬亲。若一旦企业壮大起来，老板已缺乏亲自指挥的精力时，就要研究如何知人用人及如何寻找并善用自己信任的人。因此中小企业老板在企业大型化之前必须逐渐摆脱事必躬亲的做法，学会如何知人用人，否则对日后大企业的形成与经营势必造成严重的影响。

中小企业本身管理形态没改变，管理水准未提高，而进行再投资之后，以为可以迈入大型企业之林，结果因为内部水准未能配合企业投资的成长而形成严重包袱，造成产品成本过高，在市场上难以竞争，结果企业产销难以升级。

马先生帮助其兄在三年前扩大事业，营业额增加了，但因成本大幅上涨，使得公司尝到了经营的苦果(赤字经营)。他与其兄尚能经营

200人左右的企业，然而在企业主雄心趋使下，企业扩充至900余人，于是感到力不从心。公司到处显现管理不善的现象。这家企业对员工训练从未加以重视，也未培养人才，更不知寻找人才多用人才，只凭兄弟两人的能力及毅力，企业发展至今总算有所成就。但企业的明天又将如何?成本节节上升，市场竞争又十分激烈，所引起的种种经营问题如何解决呢?只靠兄弟两人就能突破经营的困境吗？为什么不聘用人才、善用人才呢?这种例子在实际生活中举不胜举。

五、制度化与管理水准

随着企业的扩大中小企业的制度，就应当加以改善，因为中小企业的制度不能适应大企业的经营。中小企业看重“身兼数职”，然而大企业重视的是分工合作。于是制度的细分，对成长中的企业非常重要。

因此，未曾制度化或对制度化疏忽了的中小企业，在迈向大型企业之前，必须对制度化加以重视并策划推行。有些中小企业在迈向大企业的过程中，才发现制度化的重要性，并勤加规划与推行，为时虽稍晚了一点，然而仍能够及时走上制度化的道路。最怕的是那些一心一意追求大规模的中小企业，经营者本身对制度化并不重视，也从未想过制度规划。等到企业扩大时，内部已经一片混乱，其损失与浪费，无法估计，进而会危及企业的成长。

前面已经提过，中小企业要求稳定，不要抄袭大企业，而必须加强中小企业制度的规划(参阅本书第五篇)。已具备制度化的中小企业，为能适应向大企业的过渡，其制度必须细分下去。但如何细分呢?笔者认为有下列三个原则必须加以遵循：

● 胜任“身兼数职”的职员，提升为部门主管；

● 将“身兼数职”中的数职加以细分，并找人来担任细分后的领导工作；

● 不能胜任“身兼数职”的职员，不能提升部门主管，只能委任以细分后的某些具体工作。

以上三点说起来不免含糊笼统，现举两个实例来说明。凯旋企业原是中小企业，采购、仓储、料账均由张天生与助手余小凤两人负责。公司小，业务量也很少，张天生一个人也能应付自如。近年来生意扩充数倍，产销活跃了很多，于是张天生一人负责不了那么多的事务。

凯旋企业于是成立资材课，公司经考察确认张天生向来卖力负责又能胜任，而调升张天生为资材课长。资材课下，有料账、仓储与采购三个职务，资材课最近新聘臧宝生与杨万年两位大将。料账请余小凤负责，仓储请臧宝生担任，零星采购由杨万年负责。

三星公司成立伊始只有两位营销人员，即老板苏荣生与赖忠雄二人。经过六年来的努力营业额翻了15倍，当然营销人员也逐年增加。然而公司规模扩大以后，营销、企划、广告、销售与收款等活动，显然已非三星公司六年前那么单纯，仅靠老板苏荣生与赖忠雄二人，实在应付不过来，故陆续招考聘用了8位营销人员进来。在衡量种种情况后，公司觉得有必要成立营销部。营销部成立后，本当提升赖忠雄为营销部长，但赖先生行为十分不检，苏老板颇为不信任，故不敢委以重任。老板只好从营销人员中，挑选毛仲国为营销部长，赖忠雄仍为营销代表，隶属于营业部，是毛仲国的部下。

以上两个例子，说明了中小企业制度需细化来适应大型企业化来临的情形，这种方法屡试不爽，值得借鉴。但特别要提醒的就是，在中小企业发展成大企业的过程中，人才的训练与培养十分重要。否则组织与制度虽已具备，但是缺乏够水准的管理人才，可能会影响大企业的运营。

六、家族企业色彩的淡化

前面我们所提过的“改良式家族企业”，不但对中小企业的稳定与发展有帮助，而且对中小企业未来的发展也贡献很大。“改良式家族企业”即以优秀的家族成员为企业经营的核心。在中小企业里，由于人员少，故家族企业色彩十分浓厚。当中小企业迈向大企业时，由于企业内优秀家族成员极为有限，势必要向外面招聘人才，任用外来人才，从而由“改良式家族企业”(中小企业)迈向用人唯才的大型企业。这时家族企业色彩已随着企业规模的扩大而逐渐淡化。成为冲淡了的家族企业。

七、企业的四大支柱

在中小企业经营里，笔者曾提出“企业四大支柱”的构想。中小企业逐渐成长为大企业的过程中，“企业的四大支柱”所扮演的角色越来越重要。“企业的四大支柱”一方面要自我训练、自我发展，成为经验丰富、能力高强的人，才能协助企业成长，进而被提升为企业的高阶层主管。另一方面“企业的四大支柱”要训练部属、培养部属、提拔人才、选用人才，并设法稳定内部，以配合企业的扩大。

总之，“企业四大支柱”是中小企业的功臣，当中小企业发展成为大企业时，“企业的四大支柱”一方面要协助并致力于企业的发展，另一方面要稳定并健全企业内部的管理。故“企业四大支柱”在中小企业成为大企业的过程中，扮演着十分重要的角色。

八、以绩效竞赛激励士气

中小企业的经营最怕“企业分裂症”，于是有些资料必须保持机密性，不能任意公开。例如不以利润额、利润率、营业额、投资报酬率等指标作为激励员工的手段，因为很多人都想创业，若将中小企业的利润额、利润率、营业额、投资报酬率等资料公开，无疑增强了员工创业的雄心，鼓励员工创业，更容易造成企业分裂！

大企业资本雄厚、设备昂贵，一般来说员工创业机会较少，即使员工离开企业并创业，刚创业时资本与企业规模都很小，很难与大企业竞争。因此，大企业本质上远比中小企业较不怕员工创业。再者，一般大企业的薪资及各种制度远比中小企业好，在创业维艰的情况下，员工比较眷恋本身的职位，因而离开企业出去创业的可能性较小，因此，大企业(尤其是股票上市的公司)的利润额、利润率、营业额、投资报酬率等资料，被视为机密性的必要性不高。因而当中小企业逐渐发展成大企业后，可借利润额、利润率、营业额、投资报酬率等资料，设立标准，根据员工实际绩效发放效率奖金。通过效率奖金、绩效竞赛提高士气，鼓舞员工向心力，进而提高效率。

九、大规模全面市场作战

中小企业一般采取螺丝钻式的市场作战方式，但中小企业要发展成大企业，就得摒弃这种作战方式，而改为全面市场作战方式，否则市场过小，难以成为大企业。要完成螺丝钻式市场作战方式向的全面市场作战方式的转变，首先要培养营销企划人才以摒弃小规模的市场作战方式，展开大规模市场作战，摒弃游击式市场作战方式，展开正规军市场作战。

培养营销企划人才，在销售组合(4P)上配合大规模市场作战。现将销售组合中的4P如何配合大规模市场作战，分述如下：

1．**价格**(price)

在市场上采用统一的价格策略，以配合大规模市场作战；

2. **产品**(product)

在规模市场作战中，产品的品质与特性必须具有强有力的竞争力，因此企业必须在产品研究发展与品质保证方面下工夫；

3. **地区及分配**(place)

对目标市场的掌握，以及对目标市场销售系统的强化，在大规模市场作战中十分必要；

4. **促销**(promotion)

全面展开市场促销活动，并对促销活动绩效加以评核。

十、技术研究与开发

中小企业迈向大企业，技术研究与开发相当重要。企业一扩大，并从事大规模市场作战，要求时刻有市场竞争力强的产品来配合才行，于是产品的发展与技术的研究开发就显得十分重要。

技术研究及开发，除了积极培养技术人才外，还可通过下列方式进行：

- 企业内部进行技术研究与开发；
- 与发达国家一流企业进行技术合作；
- 买专利或技术，提高企业自身水准。

上述三种方法视各公司的需要采取最佳方案。有时只采取其中一种方法，但有时也可同时采取两三种，只要对企业本身有利，何乐而不为?

十一、多种多量或少种多量的生产管理

中小企业的生产，大部分属多种少量的生产管理形态。但企业要扩大，产品策略就要更改。

就大企业而言，多种少量生产方式十分不适用。大企业通常是多种多量(或少种多量)的生产管理形态。由于企业扩大，有能力接大的订单，并追求高效率，于是自然就要走向多种多量（或少种多量）的生产管理方式。

十二、开放工厂

中小企业的工厂，最好挂起“谢绝参观”四个大字，不给没有关系的人参观。然而一旦企业成为大企业时，就可以让其他外人来参观。其主要的理由有下列两个:

- 可以提高公司知名度，间接帮助产品销售；
- 在员工流动率高的企业里，对人员招募有间接帮助。

然而欢迎外来人员参观工厂并非没有限制，若参观太频繁，一则会扰乱工厂的生产纪律，二则较先进的技术或自己开发出来的技术或产品可能被人模仿，造成激烈的市场竞争。所以高新技术或开发阶段

未上市的产品绝对不能让任何人参观。

于是工厂可规划一条“参观走廊”，既不影响员工的生产纪律，又可以让重要而保密的地方不让外人参观。可准备好一套1个小时左右的演示文稿，演示文稿演讲完，就顺着“参观走廊”参观工厂，参观完工厂可再举行30分钟的讨论会。

十三、内部稽核

企业逐渐扩大，中小企业迈向大企业，就会显得人多手杂，不易管理而产生弊端，这时内部稽核就开始派上用场。

内部稽核分为两方面：一方面是制度与作业规定的稽核，另一方面是财务的稽核。制度与作业规定的稽核在于防止员工“不按常理出牌”。员工不按常理出牌，即随心所欲不按制度或作业规定行事，破坏企业制度，效率低下，并导致有人浑水摸鱼。因此制度与作业规定的稽核，是健全企业经营管理与制度作业体系所必须的。财务的稽核是防止员工舞弊或从中牟取不当之利的手段。

内部稽核工作应遍及企业各部门，虽然说事情有先后缓急，但是全面性稽核必不可少。除非有很明显的事端发生，否则仅对一两个部门进行稽核，会造成员工误解。内部稽核平时就要进行，若发生问题才进行稽核，说明企业不仅预防工作太欠缺，而且仅重视财务的稽核，疏忽了“制度与作业规定的稽核”。也就是疏忽了预防，而仅在治疗上下工夫。

重点提示

1．在贵公司的经营方针中，有“逐步向大企业发展”这一项吗？您觉得贵公司要迈向大企业应具备哪些条件？还欠缺哪些呢？

2．中小企业要成长为大企业，必然要通过投资扩大经营规模。本篇第二节中所列的九种融资途径，您觉得哪几条适合贵公司？

3．企业要发展，“人才”是支柱，企业大不只是人数多，更重要的是员工素质好。您意识到了这一点吗？现在就应该为企业成长储备人力了。

4．第五篇已经介绍了中小企业该如何加强制度建设，当然，企业要发展为大企业，制度必须随之变革。那么，该从哪些方面着手呢？

5．“团结力量大”，怎样使员工齐心提高效率？绩效竞赛不失为一个好方法。如果您对此还不知从何下手，福友实用企管书系之《绩效评估兵法》，或许可以帮助您提高经营绩效。

6．“全面市场作战”包含了哪些要点？该如何培养营销企划人才，以备全面占领市场？

7．贵公司是否有专门的技术开发人员？除了培训技术人才外，还可通过哪些方式进行技术研究与开发？

8．“多种少量的生产方式”是中小企业的法宝，它是否适合大企业呢？随着企业规模的扩大，该如何逐步进入“多种多量”或“少种多量”的生产管理形态？

9．成为大企业后，允许外界参观工厂可以提高企业知名度，并对招募员工有间接帮助，但是该如何在不影响生产并使生产技术保密的情况下，让外界参观呢？

10．内部稽核分为哪两个方面？他们各自有何侧重点？

阅读心得 ______________________________

____

____

____

____

____

____

计划和改善的方向 ______________________________

____

____

____

第十篇

有效利用经营管理顾问

一、选聘经营管理顾问——大力突破

二、企业诊断

三、管理制度设计与辅导的推行

四、经营管理咨询

五、企业（工厂）内部教育训练

一、选聘经营管理顾问——大力突破

在中小企业发展成大企业的经营过程当中，问题繁多，困境重重。有的问题与困境，中小企业本身虽然很清楚，但不知道如何改善；有的问题与困境，中小企业本身很清楚，也知道如何去改善，但经营者忙得不可开交，没时间改善，又找不到适当的人去改善；更有甚者，根本就不知道自己面临许多问题与困境，而且这些问题与困境在不久的将来就会危及企业经营，或阻碍其企业的成长。

在上述种种情况下，就需要延聘经营管理顾问，使企业经营更上一层楼，以便使中小企业成功地迈向大型企业。若企业发生下列12种现象之一，而企业本身又无法突破时，就应找经营管理顾问，获取突破与成长的要领。

- 利润增长缓慢或利润率逐渐降低；
- 薪资与原材料成本不断上涨，成本压力大；
- 无法继续领先同业或在同业的领导地位逐渐下降；
- 多年来一直原地徘徊，业绩难以提升；
- 难以维持健康的企业经营（健康的企业经营：利润增长率＞产销增长率＞薪资增长率）以致企业经营发生困难；
- 管理制度不健全或管理制度难趋合理化，企业内部管理紊乱；
- 员工流动率极高，技术与管理难以生根；
- 员工士气低落，工作效率低下；

● 产销配合不顺利，交期延误的现象时常发生；

● 客户对产品品质不满意，对品质抱怨增多，企业品质管理绩效不佳。

● 账、物不一致，生产线停工待料或库存呆废料堆积如山；

● 事业扩大或新建厂房，想从事科学化的管理时。

进行经营管理顾问活动时，经营管理顾问师可以通过下列四个工具，促使企业管理生根、产销升级：

● 企业(工厂)诊断；

● 管理制度设计；

● 经营管理咨询；

● 企业(工厂)内部教育训练

在日本，企业聘请经营管理顾问已成为风尚。根据日本通产省所举行的一项全国性调查报告，日本企业之所以常聘请经营管理顾问，主要理由有：

● 为了解企业本身的“体质”与“健康”状况，实行企业诊断；

● 发现经营管理上有不良现象，但不了解问题之原因所在；

● 不知如何解决问题；

● 企业内缺乏适当人才，可以胜任指导改善工作；

● 企业认为利用外界顾问从事革新，效果较大。

许多中小企业根本就不知道何为经营管理顾问，不少企业从未与经营管理顾问接触过。然而笔者认为工商企业利用经营管理顾问的服务，无疑可以取得下列效果：

● 通过经营管理顾问师的“企业诊断”，可获得对企业的客观了解并发现企业经营的问题或企业内部潜在的问题；

● 可以利用经营管理顾问的服务，及时解决经营管理方面企业本身无法解决的特殊问题；

● 可以通过经营管理顾问师的管理制度设计，有效地健全企业的制度，促进企业成长；

● 通过与经营管理顾问师的接触，培养企业内部自我经营管理的人才；

● 接受经营管理顾问师的训练，吸收管理新知识，提高企业干部管理水准。

二、企业诊断

企业犹如人体，不但在治疗疾病前需要详细诊断，而且在平时正常营运时，为了追求企业的健康发展，也须作全面的例行检查与诊断。

所谓企业诊断，是指研究企业经营及管理是否健全或是否遵循某一标准而进行，从而予以诊断。

根据笔者的经验，企业诊断以诊断的对象划分，有下列几种：

● 工厂诊断，即对整个工厂运营加以诊断；

● 商店诊断，即对整个商店运营加以诊断；

● 管理机构诊断，即对整个管理机构或事务加以诊断。

企业诊断以诊断的性质划分，可分成下列几种：

● 综合诊断，即对整个企业运营综合加以诊断，其内容涵盖人事、营业、生产与财务四大部分；

● 部分诊断，即对企业运营的一部分加以诊断，如经销系统诊断、营销管理诊断、人事及薪资制度诊断、生产管理诊断、物料管理诊断、品质管理诊断、采购管理诊断、士气及效率诊断。

许多经诊断过的公司、工厂、商店、机构，均能取得效果，一方面找到病态经营现象，并提出妥善解决方法，另一方面提供正确的经营方向，使企业经营更加繁荣。

永安食品公司由于老板精力过人，天资聪敏，努力经营十多年来，在业界获得很好商誉，业绩斐然。

然而最近几年来，永安食品公司饱受同业竞争压力，郭总经理有点力不从心。经企业诊断后，发现下列潜在问题，在不久的将来，若不设法加以改善或解决，经营上可能会出现困难或企业成长受到阻碍：

● 永安食品公司十多年来的经营，郭总经理确实功不可没，但美中不足的是，未能好好培养人才、训练人才。十几年来，员工教育训练未曾重视过，干部管理能力 、员工态度、解决问题意识、品质与交期意识，降低成本想法、工作目标达成意识等，都有待通过教育训练来加强；

● 永安食品公司十多年前的设备已经老旧，使生产出来的产品成本偏高，在生产技术进步飞速的今日，多少有点赶不上时代，在市场逐中渐丧失竞争力。必须购买效率高的新式机器，以淘汰老旧的机器；

- 永安食品公司的管理制度仍停留在创业阶段。十几年来，企业迅速成长为大型企业，然而管理制度却没有进步。因此，永安食品公司产销不易协调、生产管理效率低，物料计划与仓储管理有待整顿，内部协调与沟通困难，作业系统有待改善。

根据企业诊断结果，郭总经理马上着手改善管理制度。为配合管理制度的改善，郭总经理一方面招募新的人才，另一方面请顾问公司拟订两年内的教育训练计划，并着手改进公司的设备。经过两年的努力，永安食品公司的制度日趋合理化，企业的体质也得到了改善。虽然外界的竞争是难免的，但郭总经理已充满信心，坦然应对外界的挑战。高阶人员虽一时不易培养起来，但近两年来已培养了不少新人，中阶干部已有接班人，永安公司已有了踏实感。

三、管理制度设计与辅导的推行

中小企业成长为大企业，管理制度的设计对企业内部的稳定，具有举足轻重的作用。简而言之，若不重视管理制度的设计，中小企业迈向大企业，轻者将碰到层层阻力、内部紊乱、高成本低效率，重者使企业对外在市场上丧失竞争力，对内造成成本与浪费高涨，潜伏危机。因此，中小企业迈向大企业的过程中，对管理制度的强化，须重视并下工夫。

管理制度的设计可分为整体制度设计与个别制度设计。企业的整体制度设计是由许多个别制度设计所组成的。管理制度的设计，千万不要任意抄袭，将甲公司的制度不加变更，直接拿到乙公司沿用，或者将电子公司的制度丢给木业或机械公司去推行，这种管理制度注定要失败。管理制度设计者，最好在大、中或小型企业服务过，是从最低阶层做到最高阶层。有这种经验的经营管理顾问，才能具备设计制度的能力，并且有能力评断制度的好坏，否则历练不足，制度张冠李戴，表面上是经营改善或管理改善，实质上只能使经营变得更糟糕。

再者，管理制度的设计，必须考虑企业的经营方针、经营者的理念、组织形态、产品形态、企业地理位置、干部管理水准等等，否则随意抄袭制度，其可行性就值得商榷。

就个别制度而言，其制度包括：

- 组织与职掌；
- 人事管理制度；
- 薪资制度；
- 奖金制度；
- 内部稽核制度；
- 预算制度；
- 目标管理制度；
- 利润中心制度；

- 财务管理制度；
- 成本会计制度；
- 管理会计制度；
- 销售管理制度；
- 经销网络的建立；
- 市场调查与规划；
- 产销配合制度；
- 生产管理制度；
- 效率管理制度；
- 价值分析制度；
- 事务简化制度；
- 标准工时制度；
- 物料管理制度；
- 采购管理制度；
- 品质管理制度；
- 品管圈实施法制度。

管理制度设计完毕后，必须召集有关部门主管共同协商讨论，再加以修正后才能定案。之后紧接着便要着手进行管理制度推行所需的教育训练。制度设计的精神、表单填写的要领、管制重点等，都应列在教育训练内容之列。教育训练后，对管理制度的执行还要加以协助与辅导。

经过上述步骤，管理制度才能生根，生根后才能茁壮成长，然后开花、结果。

笔者根据多年的经营管理顾问的心得，认为企业对管理制度若不重视，将对企业经营的成果与效率产生很大影响。而企业管理制度以“销售管理、生产管理、物料管理、采购管理”这一系列最为重要。这就好像人体的脊椎骨一样，脊椎骨强健，人自然就会站立得很好，否则人便站立不稳或站不起来。同样，“销售管理、生产管理、物料管理、采购管理”即为企业的“脊椎”，若不加以强化，企业怎能健全发展？

四、经营管理咨询

经营管理咨询，对企业是一种实质的服务与具体的贡献。由咨询者与经营管理顾问师事先约定时间、地点及咨询的主题，届时向经营管理顾问师提出咨询。通常咨询者可能遇到悬疑未决的困境、疑虑未明的经营环境及内部管理等许多问题，这些都能在咨询过程中，获得解决方法。

咨询的主题，可以说是五花八门，在企业经营管理例行工作中碰到的任何疑难，经营管理活动有不如意的地方，或是有任何难以解决的问题，都可作为咨询的主题，提出咨询，由经营管理顾问师做出满意合理的解答。

阳帆机械公司想通过中日技术合作，提高技术水准。该公司的董事长请教了管理顾问公司。

扬帆机械公司每月平均营业额165万元，中日技术合作后付给日方的技术报酬为每月40万元。再加上日方技术人员住宿、薪资费用以及扬帆机械公司技术人员派往日方研习技术的差旅费，每月支付确实增加不少。固然提高技术水准往往可以提高售价或者增强产品的竞争力进而扩大销售，然而中日技术合作后，产品成本居然增加了40%，这40%的成本能否转嫁给顾客，仍然是个问题。

再者，扬帆机械公司人员流动率高，该公司目前的设计人员只有一名，且设计人员每两年流动一次，即新进设计人员由公司培养了两年正准备派上用场时就离职，中日技术合作也只能由搞技术出身的王董事长去吸收。董事长负责技术，公司整体经营由谁掌舵?另外现场技术工人流动率高，董事长到时还要抽空去训练新的技术人员，否则技术怎能生根?

成本高难以转嫁的问题、技术吸收的问题、技术生根的问题——加以剖析后，王董事长决定将中日技术合作方案暂缓实施。

五、企业（工厂）内部教育训练

南洋电子公司士气低落，生产的产品品质低劣，生产效率低下。该公司林总经理找到笔者谋求对策，笔者建议采用激励政策，并实施效率奖金制度。林总经理表示赞同，同时要求为南洋电子公司设计一套奖金制度。

奖金制度推行半年后成绩斐然。南洋电子公司每月效率奖金为20多万元，产量也随之提高27%，产品不良率由原先的6%降至2%，每月替公司节省150多万元。

企业(工厂)内部教育训练可提高企业干部的管理水准以及管理知识，并在管理体系下促进内部团结合作。因此员工教育训练是企业提高管理水准最有效的方法之一，其效果是渐进的，因此必须有计划、持久进行而不能中断。

一般企业最好将营业额的1‰左右当作员工的教育训练费用。有的企业很节俭，将员工教育训练费用删掉，对员工从不施以教育训练。就短期而言，节省了一笔小小的费用；但就长期而言，这笔小小费用的节省，却会影响企业的命脉，阻碍企业的成长，加速企业老化，真是得不偿失。

在不少企业中，随着企业不断地成长，企业内外环境不断地变迁，生产技术不断地进步，员工原有的旧知识与旧能力无法胜任更多、更繁重的任务，只好扮演得过且过或奉命行事的角色，无法自动自发为企业成长而努力。于是“昨日企业的功臣”成为明日企业的包袱，在

“没有功劳，也有苦劳，还有疲劳”的情况下，昔日企业的功劳者，今日已变成企业的苦劳者，为企业创造疲劳。这一些都是企业不重视员工教育训练的结果。

企业（工厂）内部员工教育训练，讲师的内部培养不失为一条良好的途径。若企业内找不到适当的讲师，那就得找表达能力强的经营管理顾问师并且委托咨询公司代训员工了。

重点提示

1．您接触过企业管理顾问公司吗？对其评价如何？

2．本篇第一节中列举的中小企业因无法突破而需要寻求经营管理顾问的12种现象，贵公司存在吗？

3．“企业诊断”从不同的角度可以划分为哪几个方面？“企业诊断”对企业发展有哪些帮助？反观一下贵公司这些方面是否存在问题，并考虑是否需要企业诊断。

4．完善的管理制度应包含哪些方面？贵公司的管理制度是否健全？可结合本书第四、五、六篇思考这个问题。

5．企业内部训练对企业长期发展有什么好处？贵公司进行过企业内部训练吗？如果没有效果或者不知从何入手，可以考虑寻求专业的顾问管理公司帮助。

阅读心得 ____________________

____

____

____

计划和改善的方向 ____________________

____

____

第十一篇

中小企业管理研究报告

一、中小企业的成长与管理

二、中小企业如何合理化经营

三、中小企业管理制度化问题

四、中小企业融资问题

五、中小企业如何筹措资金

一、中小企业的成长与管理[1]

1．中小企业的标准及其重要性

中小企业是相对于大型企业的说法，但是，企业的规模是一个相对的概念，实际如何衡量，往往是仁者见仁，智者见智。习惯上，通常以资本额、营业额、员工人数、总资产数额作为标准。

一些学者则不同意这种单一的衡量方式，例如管理大师彼得·杜拉克认为，企业规模取决于许多复杂的变数，它是多元化的结构，因此他特别强调管理、产业结构以及市场占有率等方面。

不过，为了认定的方便，各地仍是以单一标准的方式，作为区分企业规模的基本原则。例如，美国小企业局规定，员工人数在250人至1000人，为小企业；日本则以员工人数300人以下，资本额1亿日元为中小企业的认定标准。

企业规模的认定标准并非一成不变，它受到时间变动的影响，各行业也有不同规定。同时，各地的标准常常是具有弹性的。例如，台湾地区为了鼓励企业成长，一旦中小企业发展超过标准的上限，三年内仍以中小企业看待，以便能取得融资及辅导上的方便。企业合并，不论是创设合并或是吸收合并，原来的中小企业制度，仍可续用三年。

在美国，此项规定更具弹性。1966年美国小企业局便将美国汽车公司认定为小企业，曾震惊一时，因为当时该公司是全美第63大制造公司，营业额超过10亿美元，员工有3万人，但小企业局从管理的观点，认为美国汽车公司市场占有率仅3%，如不接受辅导，恐怕会退

[1] 黄俊英，台湾《工商教育》（周刊），第27期。

出市场竞争，而空有大制造企业的外形。

大企业虽然有较大的景气适应力以及竞争力，但中小企业的重要性仍不可忽视。

2．中小企业存在的价值

⑴ 许多行业本身就适合小本经营的模式，如手工业，以个人知识技术为主的服务业等。

⑵ 中小企业与大型企业具有相互依存的关系，例如以大型企业为上游工业，而中小企业为下游工业，二者也可能具有中心工厂和卫星工厂的关系，工业化程度愈高，其依存度也愈高。

⑶ 中小企业可吸收民间闲置资金。受到亲情、友情、信心因素的影响，中小企业可使闲散资金投入经济领域。

⑷ 中小企业可配合区域开发计划。

⑸ 培养基本的管理人才。

3． 中小企业经营上的难题

⑴ 资金方面

根据某经济研究所的报道，30% 的中小企业因长期资金不足，导致生产不顺利，另有 26% 的企业受困于短期资金不足，可见影响中小企业成长的主要因素是资金。

中小企业资金有限，又由于家族气氛很难引进外来资金，且无法在市场上公开发行股票、公司债券吸收民间投资，故从银行融资是最佳途径。但是，一般银行因其风险大、成本高不愿意贷款，以至于银行70%以上的款项都倾向于贷给大企业；而向民间贷款的方式，由于期限短、利率高，使得中小企业的经营者疲于资金借贷。

⑵ 技术方面

随着科技的不断创新，企业不论大小都必须在技术进步中得到成长，中小企业常因人才不足、设备简陋、机器较少更新、工人技术较落后而在竞争上处于劣势，这是技术上的难题。

⑶ 管理方面

① 生产管理

由于缺乏完善的生产计划，对于设备的添置、机器的更换、厂房的布置、原料的采购，未能全面规划。有报告指出，将近半数的中小企业，都曾因原料供应不足而使生产中断。另外，品质管理的不良，也是一大问题。

② 财务管理

中小企业常因缺乏完善的会计制度，致使财务资料不全，无法进行成本会计制度，不能正确计算成本。

还有，面临行销导向的时代，中小企业很少从事市场调查，无法深入了解行情，当然更谈不上行销规划了，而且经常是生产过剩或供应不足，并过度削价竞争。外销品市场则因受外人控制，并因利润太低，使得品质普遍不佳。

在人事与组织方面，由于家族气氛浓厚，无法吸收外界人才，权责也不易划分。

4．中小企业的生存和成长之道

面临以上的难题，中小企业该如何生存与发展呢?

(1) 确立正确的规模观念。经营者应摒弃“求大”的念头，实事求是地视各行业的需要，决定其发展规模，对于一些行业来说，中小形态是最有效的经营。

(2) 确立正确的成长观念。企业的成长要与产销能力、财务能力、管理能力相配合，过于急速或不均衡的成长，都是企业失败的原因。有些产业因受外来资金渗透，丧失控制权。

(3) 选择适当的目标市场。中小企业不能追求广大的市场，而要有战略性的目标选择。因此中小企业的市场促销，需要“狙击枪点对点式”的瞄准，而非“冲锋枪扫射式”的面面俱到。同时，目标市场也不能选错，否则广告再好也没用。

(4) 寻找竞争上的差别利益。中小企业要避免与大企业作短兵相接的竞争，而应当开拓大企业未涉及的领域。杀价竞争、比广告费等都是不可取的方式。

(5) 掌握大环境变动的趋向。紧紧盯住成长性的行业是成功之道，中小企业不可能在“夕阳工业”中有发挥的余地。

(6) 建立管理制度，提高管理水准，吸收管理人才。

(7) 要比大型企业更勤奋卖力，并且用各种方法激励员工，做好交流沟通，激发员工的参与热情。

5. 中小企业的融资与辅导

(1) 中小企业的融资

中小企业多属家族企业，资金不足且又不能公开向市场筹措资金，金融机构基于成本及风险的顾虑，又不愿多贷款给中小企业，使得中小企业不得不依赖利率很高的民间贷款。有研究发现，中小企业和各种融资辅导机构之间的往来并不很密切，也未充分利用这些服务机构。

根据这一研究，目前金融机构针对中小企业的融资方式仍有许多尚待改进之处：

① 申贷手续方面，宜求简化，再申贷时，应免提过去三年取信资料；

② 融资额度方面，应予以提高，并视业者的营业额、偿还能力及物价指数进行弹性调整。抵押贷款应以市场价换算(至少八成以上额度)；

③ 偿还期限方面，目前贷款一般均以一年为限，中长期贷款很少。由于偿还期限太短，资金不能有效运用，金融机构常在业者需要资金时，却收回贷款，更增加了中小企业调度的困难。所以，目前的偿还期限有必要适度延长，并依借款用途、行业类别弹性制定；

④ 担保方面，目前抵押放款多侧重以不动产作担保，而一般企业都希望能加强以动产或其他抵押品作担保，并使估价接近市价。另外，中小企业保证基金的保证成数应当提高；

⑤ 保证人方面，条件要求太苛刻，手续太复杂，应加以简化，同时若贷款额在一定限额下、提供担保品或财务状况良好且负责人连带保证时，可考虑免担保；

⑥ 取信调查方面，重复、形式化、时间太长，应设法改进并使表格简化。此外，应加强联合取信中心的职能，为各银行提供迅速而可靠的取信资料；

⑦ 贷款审核方面，目前速度太慢，无法及时提供所需资金。

⑵ 中小企业的辅导

除了协助中小企业解决融资问题外，其他如技术更新、市场分析、管理制度的规划与建立，也需有专门的辅导机构来进行。

6. 中小企业的整体化管理制度

一般中小企业由于资金和人才的不足，以及现代管理知识的欠缺，通常没有建立整体化的管理制度。

许多重要的信息或制度，如人员的任用与考核、制造技术与流程等等，大多分散储存于老板或各级主管的头脑中，未将这些脑中的“制度”书面化。这种现象就短期而言，也许能简化许多管理工作，但就长期而言，这将是技术更新和管理升级的最大阻力，严重影响长期经营绩效。因而，书面化的管理制度就显得极为重要。

⑴ 设计管理制度时必须注意的原则

为使管理制度能促进企业的整体化经营和系统化管理，在设计管理制度时必须注意以下的四个原则：

①　整体目标导向原则

管理制度最终的目的在于提高企业整体的绩效，而非局部的效率，因此在设计管理制度时，应从整体目标着眼，把企业视为一个完整的系统，将生产、行销、人事、财务、研发等企业功能合并起来，共同制定企业的整体目标。

②　一致性原则

管理制度的设计工作有层次关系，在设计管理制度时，应使各层次的设计工作相互连贯，上下一致。即高层的设计工作（确定企业目标、营业范围、策略与政策等）、中层的设计工作（资源规划、组织设计、预算编制等）和基层的设计工作（制定作业程序、办事细则、行为规范、工作关系、沟通方式等）应相互配合，符合一致性的要求。

③　弹性原则

管理制度不可一成不变，必须根据各类别企业内外环境的特性而设计，也应根据环境因素的变动而做适当的调整。

④　重点原则

一个完整的管理制度包括一般管理、生产管理、行销管理、人事管理、财务管理、研发管理等方面，内容很广泛，如要一次性设计完成，可能会耗费很多时间，花费也很大。因此在设计时，应当依据企业特性重点规划，逐步扩大。

(2)　推行管理制度时必须注意的要点

①　最高管理层的支持与参与。管理制度的推行，通常会影响到

员工的工作态度与心理以及人际关系等等，若无最高管理层的支持与参与，很难克服内部的抗拒阻力。

② 积极开导，使员工在观念上接受管理制度，清除破坏、不合作、敌对的行为，使管理产生效用。

③ 重点推行，循序渐进。贸然全面推行，必将导致不顺利，不如选择重点，逐步推行。

④ 任务编组。管理制度的建立与改革，往往牵涉到许多单位和个人，需要协调之处很多，为了便于推行，应采取任务编组的方式，组成项目小组，共同推行。

⑤ 先行试用，定期总结。在正式推行之前，最好先试行一段时间，一方面让内部员工有准备和调整的时间，另一方面也可验证一下管理制度的成效，以供改进和参考。在正式推行之后，更应定期加以总结，适时修订。

⑥ 加强干部的管理训练。各级干部必须具备相当的知识和管理技术，才足以有效运用管理制度，因此在推行前，应加强干部的管理训练，以配合管理制度的推行。

二、中小企业如何合理化经营②

中小企业这四个字最近经常会出现在报纸杂志上。工业革命后的百余年间，企业还没有大、小企业划分的情形。不过近年来，随着各地经济结构的迅速变化，工商企业随着资本、劳力、产销、技术等密集形态的差异而分工日益细化。因此才逐渐显现大、小企业特性上的差异，中小企业普遍存在的事实及重要性，才逐渐被确认。世界著名企管大师彼得 · 杜拉克曾于 1977 年撰文强调:“在未来的经济社会中，中小企业扮演的角色将越来越重要。”

中小企业经营成败的关键时期是企业设立后最初 5 年。据美国 Dun & Bradstree Inc. 对经营失败的中小企业加以研究，结果显示其中有 34% 是在企业设立后 3 年间失败的，4~5 年失败的比率是 23%，两者相加即设立后 5 年之内失败的比率占到了 57%，6~10 年失败的比率是 22.4%，超过 10 年仍遭倒闭厄运的占 20.6%。由上述资料可知经营企业应慎重看待“始”，但也应自强不息，绝不可因为企业历史悠久而疏忽大意，否则，纵然是百年老店，仍有倒闭的可能。

企业的“失败”仅是一种征兆，有如露出海面的冰山。在海面下到底隐藏着什么?探索这些海面下冰山的问题及原因，应该更值得重视。

中小企业经营失败的具体原因，尚无统计资料，但依据某中小企业信用保证基金组织资料显示，该基金 4 年多来不良的逾期保证案件共计 135 件，其产生的原因约有 15 项，分别为:管理制度不全(18 件)，扩张过速或投资错误(9 件)，股东不和、人事纠纷(6 件)，负责人发生

② 作者:陈再来，台湾国立交通大学管理科学研究所副教授，曾任台湾中小企业信用保证基金会总经理。

事故或违法亏空(4件)，替人保证受累(1件)，企业漏税违法(1件)，负债过多财务调度失败(41件)，应收款无法收回(8件)，销货、订货减少(6件)，产品品质低劣(3件)，原材料耗损过多(3件)，国外设限或无配额(4件)，经济不景气影响(13件)，气象灾害(3件)及其他等。如就类目分，以负债过多财务管理不当(49件)占36%居首，其次为缺乏制度、股东不和等经营管理制度欠佳(39件)占29%，品质或产销不能配合及经济不景气等因素也占相当大的比例。

由上述具体的原因，可知中小企业的经营在管理、产销、财务、计划等各方面均不能疏忽。中小企业合理化经营应注意下列六点：

1．修正家族企业形态，树立正确的经营观念

经营管理制度化最重要的是树立正确的经营观念。中小企业家族色彩过分浓厚，难免使家族感情渗入企业经营之中，以致破坏企业健全的制度；家族企业中非家族成员往往无法参与企业高阶层的决策，并且往往在有意或无意中被歧视与猜忌，久而久之，员工与企业主，很难同心协力，自然造成工作效率低下、贡献才能的意愿薄弱，这势必会削弱企业的竞争力。尤其当家族中人才不足或人才使用不当时，更有导致企业步入危机的可能。

美国杜邦公司今日已是全球最大的化学公司，它曾经是家族企业成功的典型，但杜邦家族董事会每当选择年轻一辈的家族成员进入公司当董事或高级主管时，总会提出两个不变的问题。一个问题是：他的才能及潜力是否足以担当高阶层管理的重任；另一个问题是：他的工作表现是否勤奋到值得推荐的程度。对这两个问题的答案如有任何疑虑不定绝不予以通过，丝毫没有通融的余地。其严厉程度，几近于冷酷无情。尤其有一点少为外人知道的是，杜邦公司在1920年由一个中小企业步入大企业之际已秘密同意其非家族的高级主管分享股利。中小企业的运营枢纽一向依靠业主，企业的进展全部依赖业主的眼光魄力，在激烈的竞争下，业主必须改变一人掌握全局的想法，极力摆脱家族式经营的束缚；如果暂时无法摆脱，也应该建立及发展先进的管理制度，并严格遵行，以免陷入家族情感的管理漩涡。

2．避免个人集权式经营，力求均衡管理

中小企业的经营者经常就是创办人，对于他一手建立的企业自然有深刻的认识，也因为如此，经营者就常常凭个人的经验，总揽人事、财务、生产、销售等事务于一身。在经营初期尚能应付自如，随着企业发展，由于时间的限制，经营者对于各项问题必然无法深思熟虑。而且经营者有总揽一切的作风，使得部属动辄请示，丝毫不敢果断拍板不敢多提意见。庞杂的事务无人管理，经营者疲于奔命，会逐渐丧失判断能力，企业的运营，也将在个人集权的管理制度下，因不均衡的管理而逐渐走向下坡。美国Dun & Bradstreet Inc.对中小企业因管理上失策导致企业倒闭的研究显示，在管理不当的倒闭原因中，因这种不均衡管理而倒闭者，占全部案例的47%。所谓“隔行如隔山”，一个人对自己熟悉的本行总会较多关注与接近，例如工程部门出身的企业主，经常偏重生产，对财务、会计则未能重视；相反地，财务或行

销部门出身的企业主，对生产、技术无法深入了解。这种“跛行管理”也是不均衡管理的另一形态，避免的方法应多阅读有关书籍或参加各种研习训练班，以吸收新知，或聘请专门人才以弥补本身的不足。一个人的才能、精力毕竟有限，最能避免“跛行管理”的领导人，经常是最能保证企业经营成功的人。台塑公司董事长王永庆先生每天在百忙中，仍不忘进修，并充分选用专才，这应是企业经营者避免不均衡管理的典范。

3．重视产销的配合计划

中小企业的产销，常因缺乏完善的计划，各项生产要素未能密切配合，以致交货迟延或违背承诺，造成业务信用上的瑕疵，影响市场的开拓，命名企业陷入困境。可惜中小企业的经营者，常认为计划不切实际，由于企业规模不大，使他们更有理由相信行动胜于计划，并且认为只要他本身了解日常业务，就可以应付一切变化，因而很少考虑企业长久生存的立足点，仅满足于目前的收益能维持企业的生存，不重视产销配合或未来的计划，只等待机会降临，才扩展运营。因此，未能事先对推动企业营运所需的资源详加规划，以致经常事倍功半，甚至错失良机。

经营者应认真拟订企业整体产销计划。拟订计划时，应考虑市场环境的变迁、开发新产品的能力、资金的流动性及来源、现有人力的支配、有效的沟通协调及充分的市场情报来源等因素，对中小企业经营者而言，上述因素很难考虑得面面俱到，其中市场环境变迁是拟定计划首先要考虑的因素，为避免计划不着边际，更应以未来环境的可能变化、企业本身的沿革及发展的潜力作为拟定计划的大前题。

4．建立简明的会计制度，掌握企业合理利润

企业经营应以寻求合理利润为目标，利润多少的关键则在于售价与成本的多寡。中小企业者常误认为会计报表是为应付税务机关或金融机构之用，故建立会计制度的观念一直未被接受。当然，复杂的会计制度对中小企业并不实用，但简明的会计制度及成本资料的建立，应是企业存在的基本条件。中小企业用人过于精简，往往未配置专人负责会计及成本核计，甚至于临时托人编造逃税用的财务报表，这种报表不但不能正确表达运营的成果，且将影响公司对外的信誉，更存在漏税被罚的危机，尤其危险的是绝大多数中小企业因此无法正确了解其真正的产品成本。定价流于盲从或削价求售的恶性竞争，最终导致亏损甚至倒闭。所以，聘请优秀的会计人员、设计或建立简明的会计制度以掌握成本资料，这些在产销配合上的需要，并不亚于财务功能上的需求。

5．避免债务负担过重，灵活调度企业财务

中小企业经营常因自有资金不足而举债，过多的负债常会使企业的盈余被债务利息所吞噬甚至赔本。企业的负债是自有资本的几倍才最适当?因行业及个别情况差异不能一概而论，但以中小企业信用保证基金资料统计，逾期的不良保证案例135件中，负债为自有资本的3

倍以下的企业数占91%之多。再以美国经营失败的9 335家中小企业为例，倒闭时其负债在百万以下者占80%之多。由此可见，中小企业承担债务的能力不大。

在过多的债务负担下，即使能借到资金，也不是可行之道，应该采取的方式是股东增资、考虑合并或以租赁方式解决资本支出的需要。不过企业经营也不可能完全由自有资金支付，应在偿还财源有相当把握的情况下，灵活而有计划地调度财务。就资金来源方面，在企业开办之初，应依据产品的市场需求、生产成本、投资报酬率等因素，考虑要多少资金以因应财务调度。筹措资金时，为避免向私人或地下钱庄借款而负担债务，平时就应充分了解各金融机构的特性，并与往来银行建立良好的业务关系，尽量提供有关资料给银行，以协助银行评估贷款的申请。企业能适时从银行获得融资，才能提高竞争能力。对于成立不久、担保不足、信用较差的中小企业，往来银行通常不敢贷款，这时可利用中小企业信用保证基金提供的信用保证争取贷款，在银行资金紧张时，更应加强利用保证基金，用商业本票保证的方式通过货币市场取得短期周转资金。在资金运用方面，业主应建立正确的观念，资金的投入必须确实用于改善经营，避免盲目扩充或囤积原料、成品等不当的使用，最好能有现金预算表或财务状况变动表，以便及早筹措资金。

6．发挥专长，重点突破以掌握市场

企业的销售成效，通常决定企业一半的命运，尤其是中小企业。上述提到美国 Dun & Bradstreet Inc. 关于中小企业失败原因的分析表明，除了因不均衡管理而失败者占47%外，因市场竞争力的欠缺而失败的高达45%，其余诸如业主疏忽、不良习性、欺诈受累以及灾害变故等仅占8%，可见市场的突破与占有是中小企业成败的关键，因为销售的顺畅才是真正可靠的资金及利润的源泉，借债仅能应付一时，何况举债有其限度，而且借时不易，还时更难。因此，市场的突破及占有使销售活动不致停滞是中小企业自助的一项重要经营原则。

要做到这一点，应研究市场状况，然后进行配合或突破。如果你所经营的中小企业是供应大企业中心工厂零配件的卫星工厂，就应设法加强与中心工厂的业务来往与关系。若中小企业的产品与大企业市场相同，则不能与大企业作正面的降价竞争，因为大企业产品数量及资金量都远超过你，此时应采取小范围产品种类、市场及加强售后服务等项的重点突破。如成立之初只有200万元固定资产，而如今销售额已近亿的Vo5系列化妆品，就是采取这一策略，在竞争激烈的化妆品市场，先缩小行销范围，不盲目扩大，等到市场桥头堡建立稳固后，再逐步向四周辐射开拓。此外，若产品是内外销的工业品，中小企业应凭借专长的技术或创新构想，设法进行多层次加工以提高产品附加价值。例如某中小型电子公司，生产录音机外销，该公司不久前推出的新产品只是将市面上已有的相关产品加以组合，在原有录音机上，加装一小件电子时间显示器，此新构想显示了专有的特色且每件成本只增加5美元，而该产品售价则提高了10美元，结果订单仍然应接不暇，此项创新，就使该公司增加了销量，产生立竿见影的效果。

任何企业都难免会遇到困难，尤其是中小企业，正因如此，才显出经营成功的难能可贵，否则人人都可轻易地成为企业家。中小企业经营合理化之路除上述各项之外仍有很多，比如：研发以改良技术及产品，产销联营以建立共同销售网，合并经营以获取规模经济利益等均属可行的改进方法。这些问题对于中小企业经营者来说都极富挑战性，有些不是一朝一夕可以扭转过来的。“失败乃成功之母”，但愿从探讨这些中小企业失败的具体原因中，我们可以汲取经验与教训，从而顺利迈向成功的合理化经营之道。

三、中小企业管理制度化问题③

实例一

邓永宗先生曾服务的公司风月堂是日本人来台湾投资设立的，委托本地人经营。由于日本老板常不在台湾，本地的经营者也未曾企业化经营，因而竞争厂家如雨后春笋，给“长崎蛋糕”巨大的威胁。

1．公司换老板，正好大力改革

后来长崎本铺由邓先生的老板收购下来，成立风月堂股份有限公司。老板认为长崎本铺13年来以单项产品行销市场，至今仍然能立足，可见长崎蛋糕确有市场潜力，加上它的品牌印象已经深植消费者心中，若实施企业化经营，公司的发展无可限量。

在这种情况下，邓先生通过招考进入公司，担任制度化设计者的角色，而且老板完全授权给他。由于老板有心将公司的经营企业化，所以观念上很容易沟通，邓先生也能取得他的支持。

中小企业必须避免照搬大企业的制度。过去邓先生曾在大企业担任广告企划工作，深知大企业的管理制度未必适合中小企业，例如：

(1) 在成本控制的前提下，公司一切事务均以财务来领导，

③ 实例一作者：邓永宗，曾任台湾风月堂股份有限公司企划特销部经理。实例二作者：陈丰麟，曾任渡假出版公司社长。解析和总结作者：司徒达贤，台湾政治大学企业管理研究所副教授。

因而任何议案均层层转报，必须经过多人盖章，过度书面化常影响效率，造成本位主义。

(2) 财务部门以成本的多寡作为决策基础，经常抹煞企划部门或营销部门提出的宝贵意见，财务人员以短期成本目标为由否决企划人员的长期获利计划，此种事例屡见不鲜。

(3) 在拥护“制度”的借口下，多数人专门做表面工作，并非真正为组织卖力，影响组织的士气与绩效。

(4) 在制度的重重查核与控制下，每件事都要取得各部门的同意，结果真正办事的时间少，花在开会、沟通上的时间多。

当邓先生刚接手这家公司的制度设计时，便极力避免上述大企业的制度缺陷，并且考虑公司未来的发展和规模，因不希望公司的制度永远停留在盆景阶段，所以要将公司移植到庭院去成长。

2. 中小企业制度化困难应予排除

一般中小企业推行管理制度化最大的问题是：公司只考虑短期的业绩，忽略长期的成长，因而制度完全为短期的业绩而定，不注重长期的需要。加之中小企业财力有限，所以任何决策只图近利。倘若公司财务方面没有问题，可以放手去做，但若财力受限，则时时处处缩手缩脚。除此之外，中小企业制度还有以下困难：

(1) 议案没有正式的协调渠道，也缺乏书面记录，因而没有过去的档案资料可供参考，拟定制度，须一切从头开始。

(2) 老板的权威最大，老板讲的话才算数，员工只听老板的话，负责推行制度的人往往苦口婆心也不能说服员工遵守制度。

(3) 公司的重要决策均集中在生产设备的投资上，对无形而长远扎根的管理制度不够热衷，也没有积极推行。

3. 部署有条不紊的制度，建立“亲切”的公司形象

首先，公司举办在职训练，使门店、公司内部人员，从根本上、观念上了解公司的长期形象。在职训练结束后，仍然将他们在工作岗位上遇到的困难及解决方法，编成作业手册，供营销人员参考。

在组织机构方面，公司在北中南三区增设营销处，由处长管辖所属地区的门店部，直接对总公司负责，每个月有两次营销汇报，由营销处向总公司报告各地区门店的营销情形，此外各门店增设门店主任，分层负责，各司其职。这样一来，不但公司命令得以贯彻，而且门店主任定期收集竞争厂家的营业信息通过营销部门向总公司汇报，使企划部能通过组织机构掌握市场全貌。

在沟通协调方面，每个月各地门店主任到总公司开一次会，由邓先生主持，老板不出席，门店主任可以畅所欲言将门店实

际的状况报告出来，由邓先生向老板反映，或列入制度改善参考议案。

为了使公司全体员工对工作有明确的认识，公司还制定每位员工的职务说明书，不但每个人的工作有明确的规定，而且便于人力的调派，任何人只要根据职务说明书，均可参与他人的作业；为了确使员工按照职务说明书的内容作业，各单位每半个月提出检讨，此外月底以前每个人均编制下个月的工作预报表，检讨会也就每个月工作预报表的实际执行绩效提出检讨和批评，主管能从工作预报表上了解工作的进度和实际执行的绩效，员工也能主动地策划自己的工作，并发现问题。

公司还有一套制度将第一线的门店人员纳入促销作业体系。各地门店每天要从顾客口中探询促销机会，转报到特销部，由营销部派人员直接推销，如果生意成交，该门店即分得一半的业绩，门店人员为争取业绩，都会卖力去做，对顾客的态度也会大大改善。

由一家门店的业绩，都采用自我预报方式，由门店主任在营销会上预报下个月的营销目标，一般门店主任都不会预报得太低，因为在会议场合，预报太低，对上级难以交代；预报太高，营业部主管会予以修正。门店主任预报以后，回去后就会督促门店人员努力完成目标。

4. 制度化以后的困难和成效

在推动公司管理制度化的过程中，碰到的困难如下：

⑴ 缺乏横向沟通

因为推动人直接对老板负责，一手拟定制度，并且向下推动、实施，极少和财务、营销等部门沟通和研讨，任何制度，其他部门只有执行，极少有意见反馈，因而缺乏制衡力量，本身的压力非常大。

⑵ 缺乏决策的参考资料

公司计划开发新产品、使用新的包装方法、成立新的门店部等，由于受限于财力、人力，无法从事完整的行销研究，能够参考的决策资料有限，无形中增加决策上的风险。

制度化虽带来不少困难，但经过半年的努力，公司的业绩增长了30%，员工的待遇也得以调整提高，目前公司上下正朝企业化迈进，希望未来能借助制度，使得公司发展得更快、更好。

解析：

邓先生用半年多的时间为风月堂建立这样完整的制度，相当不易，不但富于创意，而且制定得非常细致，公司以后成长仍可按照这套制度运作，可以说充分考虑了公司未来成长的需要。邓先生能在很短的时间内将这套制度建立并推行，主要得益于以下因素：

第一，公司更换老板，整个组织重新调整，员工不得不接受新的改革，若在原来的人事体制下，邓先生要做这种改革恐怕不易。

第二，老板授权给邓先生，并支持推行的制度，让其有效地实施，所以邓先生能发挥所长。

第三，邓先生集制度的拟定，执行、督导为一身，不但掌握企划工作，也负责营销活动，本身可以树立制度执行的模范，其他部门的人员不敢松懈。

食品业从生产到销售的过程，较其他行业更易例行化，不像房地产业那样富于变化，所以制度化不但不会削减公司的创新能力，而且更便于企划人员掌握全局，使公司员工的潜力得以发挥。

实例二

陈丰麟先生曾在某公司负责编辑、企划、出版、销售等工作，后来自己创办“渡假出版社”，亲手创立、培植这家公司，跟着公司一起成长；今天他以一位自己制定、督导部属实施制度，自己改善制度的老板身份，来谈“中小企业管理制度化的问题”，希望能将推行管理制度化所碰到的困难，提出来供大家参考。

1. 公司快速成长，制度面临考验

陈先生的公司成长很快，成立半年后由6个人增加到20多人，业务从出版旅游书籍，拓展至订房、国内旅游等，现在迫切需要将公司业务制度化，否则他的能力和时间难以负荷业务日益扩充所带来的压力。

在只有6个人的公司里，凭个人的喜好和判断，处理业务大致不会发生偏差，不需制度也可以管理，同事的相处犹如兄弟姐妹，什么事只要陈先生同意就可以办理，陈先生与员工的工作没有两样，公司上下同甘苦共患难，许多小节并不计较，但是等到公司规模扩大以后，问题就产生了。

首先，陈先生和员工的关系不如从前密切，过去员工不在乎的事，现在他们开始在意，尤其认为公司赚钱、壮大，为什么待遇不提高一点？他们开始关心自己的福利、工作量和前途。

在这种情况下，公司最迫切需要建立的制度是薪资制度，而这个制度也是最难制定的，不但要考虑员工的学历、资历、出勤与能力，而且要令员工心服口服。目前公司正在拟定以点数来计算员工的薪资，希望能在公平的基础上，定出合理的付薪标准。

其次，个人成长与公司成长脱节的问题。在员工看来，公司扩大规模，好象是一朝一夕之间的事，他们无法适应这种组织的变革，因而工作上不能配合公司现有业务的要求。而新进人员也在摸索之中，如何使全体员工都能迅速地调整自我，以应付公司日益繁重的业务，是公司的当务之急。

公司处在这种阶段相当尴尬，急切需要制度来解决困难。

2．以部门主管为中心的制度

第一步，授权给部门主管，要求他们独立作业，各部门之间的职权划分清楚。而这些主管直接对老板负责，任何公司重要决策都经由每周举办的部门主管会议共同决定，让部门主管和老板陈先生之间有休戚与共的关系，感觉上大家是一体的，是在共同创业。

要建立以部门主管为中心的管理制度，例如：公司本来要为员工争取的福利，陈先生不提出来，而由部门主管为员工反映，使员工对部门主管产生信服，认为他们的主管的确能为他们争取福利。另外，部门内部的事务，由主管签字裁决，赋予主管决策权，不要凡事都转至陈先生这里。如此员工会加强和主管这间的合作，各部门之间自然会相互竞争，大家都希望有好的表现。

此外公司每天开早会，由各部门对本身的业务提出检讨和报告，各部门都不希望自己的部门没有成果报告，因而平常会去挖掘问题、思考问题、解决问题，以求良好表现。

由于若干部门主管的经验稍微不足，对于重大决策的处置尚需其他部门主管的支持，因此部门主管会议上，采取协商方式，由一个主管报告业务状况，其他部门主管担任他的顾问。这种方式不但能帮助部门主管拟定出更有效的决策方案，而且从长期来讲，也是培养总经理人才的一种方法。

公司规模扩大以后，最感头痛的莫过于每个月的管理费用大幅提高。过去公司规模小，很多事情还可以“慢工出细活”，现在却要求“既要快，又要好”。公司目前施行的制度是各部门拟定自己的业务目标，由部门主管会议讨论后实施，营销部门的收益至少必须达到维持公司开销的水准，因而编辑部门的目标就要配合营销目标。各部门制定出目标后，分头执行，由部门主管负责监督，各部门为了提高工作效率，降低作业成本，自己控制进度，一切都由执行人员操作。公司目前缺乏一套严格的管理制度来监督每项作业的施行进度。

陈先生认为中小企业必须建立某些制度，使公司业务能在有条不紊的基础上运作，否则中小企业不但无法突破目前的困境，更谈不上追求发展。

解析：

在小企业里，老板经常是教练兼球员，一方面要上场打球，另一方面又要指挥作战，同时兼制度策划人和执行者的角色。

所以小企业的一切事务都在老板的掌握中。

但是企业的规模越来越大，老板不得不放掉他当球员的专长，而全心全意扮演教练员的角色，其他工作必须授权给员工来做，否则企业全盘规划管理、指挥的工作没有人负责，企业的成长就会受到限制。

这时候公司就需要一套授权分工合作的制度。陈先生将这些工作交由部门主管来负责，以部门主管为中心，本身可以从这些事务中挣脱出来，多为公司做全盘规划的工作。

小企业无法聘请专人为公司作规划性的工作，因而需要老板多花心思和脑筋，有些规划性工作可以交由部门主管来负责，老板只做最后的审核工作。

企业快速成长过程中，主管本身的成长非常重要，平时多充实自己，但是最要紧的还是：多动脑筋。陈先生以各种形式的会议来促使部门主管动脑筋想问题、解决问题，不失为增进个人成长的好办法。

总结:

探讨中小企业管理制度化问题,必须对"为什么要有管理制度"、"什么叫做管理制度"、"管理制度如何推行"这三个层次的问题深入讨论。

企业为什么需要管理制度?简而言之,为了配合企业的成长。由于科技发达,社会进步,企业也一天天壮大,规模大的企业,有其存在的利益与潜能,如何将这利益与潜能发挥出来,就需要制度。

规模小的企业只要有限的空间就可以生存,但规模一旦扩大,如果大规模的利益没有发挥出来,企业势必被大规模的包袱(例如庞大的固定支出)压得喘不过气来,因而企业追求成长,在不断扩大规模的同时,需要通过制度使生产力发挥出来。

但制度也可能扼杀中小企业的创新与活力,因而如何在企业成长时建立制度化的同时,让大规模生产的潜力发挥出来,同时又能兼顾企业的弹性和活力,是制度化的"艺术"。否则中小企业的作业一味"制度化",虽然各项作业都在严格的控制下,但也可能危害企业的生机与活力。所以制度化的需要与制度化的程度,必须视企业的发展规模与创新活力而定。

什么是制度?制度是决策,是控制,是契约。制度不是一套表格,不是要求大家填好表格,它的背后是有效的决策,例如要提高员工作业效能,要开设门店,要出版一套书,要对干部授权等,都是有待裁决的决策,制度的本质是决策。

制度化必须考虑决策的三个要素:

第一，作任何决策必须有决策权，制度化是一项决策，所以推行制度化，必须由有决定权的主管来推动，除非主管授权，否则制度化必然难以实施，因此幕僚若想建议主管采用某种制度，必须先让主管了解，争取他的授权。

第二，任何决策都是为了执行企业的政策，所以制度必须反映政策的决定，例如人员升迁、薪资的给付标准等这些制度背后均代表许多政策上的含意，因此制度化是为了执行企业的既定政策。

第三，作决策必须配合公司现在环境。制度化是一项决策，应该配合公司规模与业务弹性，比如:公司规模越大，越需要制度来管理；公司业务富于多样性，就无需管得太多，一切只要执简去繁，做重点式的管理，因而制度可以少一点、简单一点。

作决策是为了解决问题，所以建立制度基本的态度也是为了解决问题。解决问题先要了解问题，了解企业实际运作的情形，才可以针对问题提出制度，或提出其他的解决方法。所以制度是解决问题的一种方法。

管理是以法治取代人治的过程，所以需要管理制度，以期望人际之间的磨擦减至最少。制度也是控制的一种过程，过去用人来控制企业绩效的实现，结果导致人际磨擦增加，所以要改以法治来控制，但企业的许多事务并不是全靠制度就可以控制的，有些地方还需要用人来控制。

此外，制度也是一种契约，是员工和雇主的合约，公司规模很小时，员工与雇主之间无须契约的规定，双方均能互相遵守。公司规模扩大以后，则有赖于制度将双方应遵守的事项，规定得一清二楚，这种契约不但限制员工的行为，更限制老板的行为，老板要遵守契约或制度，员工才能上行下效，这样的制度才能得以维护和实施。

制度贵在执行，否则形同虚设。制度必须运用于实际的工作中，发生绩效才有作用。推行管理制度需要高层主管的支持，除了来自主管的授权外，权力的集中也很重要，若实施制度的权力分散，派系纠纷不断，一套良好的制度必然瓦解。

除了高层主管的支持外，推行制度需要通过说服、教育的手段，使全体员工了解、接受并遵守。任何制度推行时难免会有员工抵制、不遵守，这时候就需要考虑人性面，通过各种人际关系予以说明，破除他的疑虑，为他解决困难。

最后，推行制度时最好有一个专门的部门，可以由管理部来负责，也可由总经理室来指导，但都要有适当的人才来担任，由他们来督导制度的实施，评估制度实施的绩效，并且不断地改进，拟定更好的制度。

中小企业实施制度化，最大的困难在于主管无法配合组织成长。比如主管仍然忙于本身专长的业务，无法放掉例行的工作，不能真正从事协调、规划、控制等管理工作，导致整个企业无法建立更有效的制度，无法从旧的、不合时宜的窠臼中突破出来。

最后，要特别注意的是：管理制度只是一个手段，不要成为最终目的，不要认为只要将制度装订成册盖好印章就达成目的了，而置决策的品质与目的不顾。有些企业的管理制度太过呆板，新的构思与想法，只要例外一概不予采纳，便失去制定制度的意义。

常见许多官僚组织，制度、表格一应俱全，什么都按制度办，结果所谓“办事”等于“办文”，公文拟好了大家盖章，然后归档，结果什么事都没办。这种“制度”决非中小企业建立制度的本意。

四、中小企业融资问题④

目前中小企业所面临的问题当中，最值得关心也最严重的，就是融资问题。

而在融资问题当中，普遍为人们抱怨的就是：银行贷款数额少，业主需要借款的时候不一定能借得到，担保品的要求相当严格，保证也不例外等。

目前金融机构在决定放款融资时，规定必须审核的因素相当多，例如：人的因素、资金用途、偿还计划、今后展望等等。但是，在面临与大企业同等竞争的地位时，中小企业所提供的资料，又往往无法符合这些要求。

既然融资是个不容忽视的问题，我们就首先来探讨一下：目前中小企业在融资上所遭遇的困难究竟有哪些？这又可从两个角度来加以分析：一是从中小企业的角度来加以观察，二是从金融机构的角度来加以观察。在找出原因之后，我们再进一步研究用什么方法来解决这些困难。

1．获得融资难易有别

就中小企业而言，当需要资金而向金融机构请求融通时，往往不易得到，这可从一般性原因及个别性原因来分析。

所谓一般性的原因是：金融机构本身资金就有限，在这种情形下，中小企业自然难获融资。另外，就借款人本身的信用而言，如果融资

④ 柯飞乐，台湾《工商教育》（周刊），第27期。

申请者本身不符合条件，金融机构就难把钱借给他，这属于个别性的原因。

一般人总认为，金融机构对大企业此较偏好，也就是对中小企业有差别待遇，这也是不公平的现象。

2．融资条件较差

在取得融资的过程中，中小企业的融资条件普遍较差。也就是因为其融资条件较差，获得的贷款就较少。如果某中小企业需要50万的资金，在向银行申贷后，也许只能借得25万，其余的差额，只好向民间借，民间的利率较高，期间还不稳定，在这种情况之下，资金周转方面所承受的压力就较大。

再就期限而言，一般中小企业多半只能借到一年期以下的短期放款，到期后再用延期的方式继续借下去。事实上，短期放款与长期放款的特性与风险是不一样的，就金融机构而言，从事短期放款较有把握，而长期放款不确定的因素太多。所以，如果银行放款的收益没有差别的话，银行不愿意冒太大的风险。

专业银行和长期的金融机构，就是为了应付企业界不同的资金需求而设立的。这些长期的金融机构，他们的做法与提供短期资金为主的金融机构或商业银行有所不同。也就是说，为了应付不同的资金需求，就有不同的金融机构。过去大家一再强调要加强专业金融机构的功能，在这方面，日后仍然有待加强。

3. 贷款不符实际所需

目前，中小企业能够打上交道的，就是一般的商业银行。信用合作社，也属于中小企业金融机构，其做法也是偏重短期的融通，以致于一般中小企业常有贷款期限不符实际需要的感觉。

4. 利率

中长期放款与短期放款，在利率上基本没有差距。因此，银行若就收益考虑，短期放款的利润低，长期放款利润高，对其贡献就大，而业主在申请贷款时，也会有所权衡。此外有些项目性的贷款，其利率较低，这基于政策性的考虑。

银行对那些客户往来情形良好、存款较多的企业都要有所了解，才给予较低利率的贷款。银行还必须进一步调查这些客户往来的情形、缴税的情形，进行各种信用分析，而这其间的竞争，相形之下中小企业就较吃亏了。也就是说，即使中小企业能够得到银行的融资，其条件也显得较差，这就是一般人认为的问题所在。

此外，担保品方面、保证人方面，一般金融机构也都有相当的要求与条件。

由于大企业比较容易满足一般银行的审查条件，所以，一般金融机构比较乐意支持大企业的贷款要求，中小企业相形之下当然就显得融资条件较差，故而不易获得贷款。

5．手续繁杂

一般金融机构对中小企业申请贷款，不但要求的表格相当复杂，而且与对大企业的要求一样，手续非常繁杂。

对中小企业而言，在向银行申贷款时，常常感觉表格多且麻烦，尤其对于一个规模很小的企业来讲，这些表格就变成相当大的负担，如果不知该怎样填写，就没办法借款。这对中小企业来讲，可以说是在融资上所遇到的最大困难。

6．信息差距

此外，针对银行提供的服务而言，由于大企业的信息较多，较能充分利用银行的各种服务，而中小企业利用的程度则相对较差，其中重要原因就是信息的差距，因为中小企业并不了解银行到底可以提供哪些服务。

例如，当大企业在做有关经营方面的决策，或拟定订经营方针，或制定业务推展重点的同时，一般金融机构往往多多少少也在分析经济情势的变化，以及景气动向如何等问题。大企业往往知道利用其所做出的调查报告金融机构彼此交换意见。固然，金融机构所做的调查报告不一定完全正确，但通过彼此的沟通，也不失为有利的参考信息。

而很多中小企业不知道和企业往来的银行，有专门的部门在从事经济研究、产业调查的工作，当然也就不会去利用这些资料了。

还有，一般银行对中小企业往往也有些先入为主的观念。例如：提到中小企业，就令人联想到设备较弱、资本不足、技术落后、管理较差、财务结构不健全等，就金融机构的立场而言，表示其诚信风险较大。

事实上中小企业是否真是如此呢?答案是否定的。

但是由于这些先入为主的观念，形成了不利于中小企业的五P审查标准。对于中小企业融资所遇到的困难，金融机构方面的观点又如何呢?

首先，我们先探讨金融机构对放款的审查标准，即五个P的原则，简单而言，即借款的条件:第一是人的因素，即管理的情形如何，经营的能力如何等;第二是贷款的目的，即资金的用途;第三是了解其偿还计划如何;第四是债权的保障问题，包括保证人及担保等问题;第五是未来的展望。

在资料收集、信用分析及债权保障之后，银行还要留意中小企业与客户往来的情形，做存款、外汇及成长等综合性的考虑。

大致而言，银行在要求上述资料分析时，对大企业反而比对中小企业来得严格。

中小企业本身的借款条件，如管理要求，包括生产管理、人事管理、销售管理、经营管理等，确实比大企业差一些。还有财务的要素，银行检查的根据是财务报告，这是中小企业感觉较困难的地方，他们往往不是数据不全，就是其可靠性有疑问，令银行无法做进一步的分析。

7. 信用分析

在银行针对报表资料进行信用分析时，经营老板的诚信也是相当重要的。此外，财务分析也非常重要。

对借款人的经营状况有所了解后，对其可能的变化也要有把握，这就需要担保及保证了，这是不得已的措施。而一般中小企业的担保条件，较大企业往往就差得多了。

一般而言，中小企业在财务管理方面，不是制度尚未健全，就算健全了，也难令银行了解其实际情况。

在成本的考虑方面，银行对大企业或中小企业放款，虽然所要求的内容不一定完全相同，但是程序却类似，因此，对中小企业的取信成本便相对偏高。

在了解了中小企业融资所遇到的困难之后，我们再进一步对既成的观念加以研析。

中小企业在得到金融机构放款方面，是否真的较大型企业来得困难？这情形是否与中小企业的特性有关？

一般情况下，中小企业有被歧视的感觉，可以理解。不过，中小企业由于信用没有大企业来得好，金融机构要求的程度有所差别，也在情理之中。目前一些金融机构已对中小企业采用简易的信用调查方式。

8. 中小企业富有灵活性

从另一角度来看，中小企业有其优点。例如：中小企业富有灵活性，投资金额没有大企业那么大，因此，当经济发生变化，景气有所变动，必须很快地调整业务及生产方向时，规模小就是有利的条件。

目前特色产品消费者的需求，并不局限于大众化产品，有些消费者偏好差别产品特色产品，为了配合这种消费者的需求，就不能大规模生产，只能少量多种地生产，而这又是适合小规模中小企业的生产方式。

因此，我们对中小企业有时也该从另外一个角度来观察其特点，以减少其融资时待遇独立且不公平的情形。

9．积极建立经营制度

中小企业的经营实况是否不易掌握?这方面必须深入企业对中小企业的经营者做切实的了解，如果一定要照分析大企业的方式去分析中小企业的经营状况，也许就不能掌握实情了。

但是，中小企业也应该积极建立自己的经营管理制度，以便通过资料，正确地反映出其经营状况，才能帮助金融机构解决这方面所遇到的困难。

一般而言，大企业筹措资金的方式较多，如果无法得到银行贷款，至少还可以通过其他的方式来获得资金，而中小企业筹措资金的方式就较单一。例如:大企业可以利用发行债券或股票来筹措资金，中小企业则办不到。了解了以上的情况后，我们接下来研究如何拓宽中小企业融资方面的途径。

10. 发挥专业银行功能

(1) 发挥专业银行的功能

目前就中小企业而言，短期融资方面固然遇到困难，但中长期的融资困难更值得关注。中长期的贷款，主要用于设备投资。目前中小企业在必须改善经营的情况下，支付利息、生产效率都涉及到生产设备的改进，而生产设备要想改进，只用企业本身拥有的资金来推动，可能相当困难。大企业在生产设备方面的改进，都需要依赖金融机构，又何况中小企业？

假如中小企业没法得到这些资金更新设备的话，对中小企业的成长而言，就会产生不利的影响。

目前金融机构难免偏重短期融资，那么要用什么方式来弥补呢？只有加强发挥专业银行的专业功能，以供应中长期资金为重点，才是正确的途径。

(2) 扩大资金来源

中小企业资金来源渠道往往较为狭窄，局限于申请贷款一途。其实，除此之外，中小企业还可考虑股东出资、员工参股、设备租赁等渠道以扩大资金来源。

(3) 改进银行融资作业

如简化信用调查表，或针对中小企业放款金额小的特性，采用简易的表格。不过，金融机构在从事放款时，必须对业主的财务状况有所了解，因此，银行最低要求与企业实际两者之间的权衡与协调，成为金融机构目前必须研究改进的方向。

11. 加强沟通，消除隔阂

就中小企业而言，有必要让金融机构了解其经营状况，并增加与银行的往来关系，使银行了解其资金周转的情形，而不至于只偏重于索取贷款。

就金融机构而言，亦可针对财务管理的改善，给予中小企业适当的建议，业主有困难，可主动协助其解决。由于金融机构的对象是所有的企业，因此，它必须在产业调查、经济动向等方面进行更深入的研究分析，而这些信息对中小企业的改进管理，也会有帮助。

总之，中小企业和金融机构之间，必须能够彼此之间的沟通，消除隔阂，才能获得相辅相成的功效。这是今后双方应努力的方向。

五、中小企业如何筹措资金⑤

中小企业虽属弱者，但在经济结构上却是重要的大多数。中小企业的发展深具社会、经济效益，如安定社会民生，增加就业机会，促使资本的有效运用，减少闲置游资，增加对外贸易，培育企业人才，促进传统工业的发展及平衡城乡发展等。辅导中小企业应是普遍重视的一项政策性工作，而中小企业融资是辅导工作中最重要的一环。由于中小企业先天体质差，更需要金融机构的主动积极服务，以使其发展。

1. 中小企业的一般特点

中小企业在美国、日本等发达国家中皆占其企业总数95%以上。中小企业具有如下特点：

(1) 组织不健全并缺乏专业管理

大部分中小企业多属家族形态，经理人即是所有人，并总揽生产、采购、销售、财务、人事及其他有关事项，缺乏现代经营管理知识及方法，欠缺经营计划，又未能容纳外界、专家或下属人员的意见。

(2) 自有资金不足

中小企业多属家族形态，自有资金不足，常以短期资金移作长期资金之用，不欢迎外来资本加入，也无法在长期资本市场中获取资本，唯有求助于银行，甚至求助于黑市高利资金，致使财务结构不健全，在经济景气时，尚有利可图，遇到不景气时，即捉襟见肘，易发生周转上的困难。

⑤ 作者：张均，台湾中小企业融资专家。

(3) 会计制度不健全且财务报表不实

中小企业的信用条件较差，财务制度不健全，获利能力及发展前途不易从其会计报表上确认，往往较难获得银行的放款。

(4) 规模小，市场窄

中小企业在同业中与大企业比较，规模小，生产技术及机器设备均较落伍和简陋，生产效率低，原料取得也较困难，生产成本自然难降低，竞争能力因而较弱。同时缺乏市场观念，只做等待顾客上门的订货买卖，很少从事市场调查研究。企业活动范围大多局限于狭小的某一区域，而往往又有相互削价竞销的现象。

(5) 设备较差，技术落后

中小企业往往存在生产设备较为落伍和简陋，生产技术落后，品质管理未能严格实施，产品品质较差，同时缺乏技术人才，生产技术难以改进发展的问题。

2. 中小企业的融资特点

中小企业的融资特点均源于一般特点。现就其重要特点概述如下：

(1) 贷款笔数多，金额少

中小企业贷款笔数多，金额少，但所需要的各项手续和大企业的相同，使银行的放款成本增加，因此一般银行不愿办理，必须要有专业银行办理。

(2) 贷款风险大且分散

由于中小企业有先天性的弱点，加上企业数量大分布广，所以贷款给中小企业的风险比一般贷款大。但就另一角度来看，由于笔数多、金额少的特点，就整体而言，按保险学上的大数法则，其风险的集中度较低，当然催收的成本也相对较高。

(3) 需要巨额的长期低利放贷资金

虽然中小企业就个体而言，其贷款金额小，但由于企业数量众多，因此积少成多。再加上中小企业贷款后所创造的存款贡献不大，中小企业整体所需的融通资金就汇成一笔巨大的金额，不是一家银行所能负担的。因此各国在推动中小企业融资的同时，往往采取下列各项措施，以解决其庞大的资金来源：

① 由政府每年编列巨额预算，通过指定的金融机构专供中企业融资之用，如美国的小企业局。

② 由政府拨专款支持，如日本在财政投融资预算项下拨出邮政储金供中小企业融资。

③ 利息贴补政策，如韩、日政府对中小企业的无公害产业贷款等提供利息补贴或无息贷款。

(4) 融资必须与各项综合性辅导措施配合

中小企业融资是一种综合辅导的授信业务，必须协调其他有关机构向中小企业提供多种有关生产技术、经营管理及推销方法上的辅导，才能使贷款的运用较为有效，并确保贷款的收回。

(5) 中小企业融资具有开发性

在中小企业中，有许多属于创业的业主，它们的产品有许多是专利新产品，或其服务为新的构想，这些风险很高，但却为企业开发尖兵的冒险事业，需要的冒险资金必须有适当的供应来源，此外，是否需要增加对冒险资金的信用保险，也有研究的必要。

⑹ 中小企业融资具有教育性

大多数中小企业业主仅具某一方面的专长，缺乏企业管理的一般知识，对财务会计更属外行，从而成为金融机构审核上的一大难题。因而中小企业金融从业人员责无旁贷地需要负起教育辅导的任务，协助业主改善财务管理，修正会计报表。

3．中小企业如何充实融资条件

中小企业在融资时，必须对自己应具备哪些基本条件有充分的认识。

⑴ 建立正确的贷款观念

① 贷款不是请求救济，不是要求补助，而是互惠互信的一项营业行为。因此不要请托，更须慎防遇到贷款黄牛。贷款前所需做的是考虑申贷金额是否适当，按期返还有无把握。然后提出具体的计划与往来银行直接商洽，必要时走两三家银行，以便货比三家。

② 贷款不是出售现有资产。有些厂商在申请贷款时感觉好像要把厂房机器一并出售似地向银行经办人说："我买进时花了100万，隔壁同样的厂房刚以150元卖出，所以请你同意借我120万元。"其实银行更重视的是你借120万元的用途是什么，什么时候可以偿还，如何偿还。因此建议业主在申贷时不妨改用另一个方式：本企业目前每月营

业额多少，因为国内外订单增加百分之几，因此需要购料周转金多少，贷款后预计几个月后即可偿还。本企业可提供价值高于货款金额的不动产房、设备抵押供贵行债权担保。

⑵ 要有具体可行的经营计划并将业绩显示出来

此项经营计划至少应包括企业的组织、资本的结构、资金的来源、财源计划、产品种类及生产技术的可行性，而更重要的还有一套具体可行的销售计划。中小企业不但要考虑能生产什么，还要考虑能卖出多少，有无配额的限制。基于健全运营计划而产生的稳健业绩，必须在财务报表、自动报缴资料以及银行往来资料方面真实地显示出来。

⑶ 选择银行建立良好的业绩

中小企业应在资金充裕时选择往来银行建立良好的业绩。在未成为该银行的债务人之前，先成为它的债权人，因此在筹备设立公司时即开户将资本金存入，当公司登记时，由该银行出验资证明。在营业时，一应收支均通过银行的户头，营业后的票据代收或外销贷款的押汇也均通过该银行。良好的业绩是申请贷款的最佳有利条件。

⑷ 要自行筹集相当比率的自筹款

根据中小企业资金问题调查报告分析，中小企业资金来自自筹者占其总资金的44%。而一般资本性贷款，承贷银行要求申请业者至少要有30%的自筹款。

⑸ 要具备财务报表和记录

贷款机构必定要核查你的财务状况，所以应在平时就设有完整的记录，既便于管理，又可节省申贷时再准备的时间。切勿因省用会计人员而不设账，更切忌因逃避有限税金而作不实的记录使缴税资料过分偏低而影响贷款。

(6) 不轻诺，不寡信

计划要具体切合实际，并重视计算，重视数据。太离谱的计划会使银行对你失去信心，对于银行的各项承诺应切实履行，以建立良好的信用。信用的建立必须经过日积月累的培养，信用的维持必须时时刻刻注意。但信用的破灭则极易旦夕之间发生，一旦信用受损则再求恢复重整势必会倍加困难。

(7) 必须掌握适当的变现资产，以及可靠的贷款来源

企业必须保持相当一部分的流动资产，以增强其偿还能力，以免一旦遇有支付需要，陷入周转不灵的困境。同时应掌握若干可供抵押之物，最好在还没有贷款需要前，即与银行协商以资产设定抵押，办妥一定的信用额度，暂时不予运用，到实际需要贷款时当可在此额度内随时借到，不致发生周转不灵的情况。

4．中小企业的融资来源

一颗种子要发芽、生长、结果必须有三方面的水份养料予以培育：一是种子本身保有维持其有机体必须的水份以维持其自身不至于干枯死亡；二是播植在良好的土壤中，四周有良好的水土保持，长期不乏水源与养份，以增强其存在及与其他种子竞争的力量；三是定期的灌溉。企业正如种子一样，它也需要三种资金的充裕配合，那就是自有资金、长期资金及短期资金。下面就其来源及可能筹措的途径加以分析。

(1) 自有资金

是业主自筹的本钱。自有资金，在英文术语上有许多名称，如Owned Capital，Proprietorship Capital，Equity Capital，Risk Capital，Venture Capital等。我认为Risk及Venture二词最能代表其含义，因为自有资金是创办人为了博取投资企业所赚得的较高收益而拿出来做赌注的本钱，是一种冒险的赌注。创业的意思即是将资金投出博取较高收益。它有赔光的可能；是投资人一般均可参与经营，以自我努力防止失败。创业者以其自有资金作投资冒险而希望获得利润，这是公平的；但如果创业者自己不拿出相当的自有资金，而要求全部或大部分由银行来贷给他，那就不公平了。因为仅是赚取定额定率的有限利息，因此不能用来当作创业业主的自有资金，否则就变成创业人利用银行的本钱来冒险。如盈利，则利润全归自己（因为只对银行付出利息）；如亏损，则让银行贷款变成呆账，这当然不公平。

基于上述说明，我们了解创业必须有足够的自有资金，其筹措及解决方法为：

① 自行储蓄以及向亲友借款或招人合伙入股。创立较具规模的现代化小企业绝非仅靠一两人就可应付，因此大多均需合资开设。合作之初，各股东均有远大的眼光及胸襟，首先切勿存在尔虞我诈的心理，其次要善用现代化的经营管理技术，使一切公开化、制度化，甚至于使管理权与所有权分离，发挥制衡的作用，切勿为逃漏税款而记私账，反使少数人得私利，而使多数投资合作人受损。

② 从小规模经营起，使现有企业增加累积盈余，逐步有计划地

成长。有一位青年朋友，他巧思的一项工艺品获得了专利，于是认为一定可以一本万利，因而即使自己银行的存款不满5000元，但却拟出了5000万元独资经营的计划，不足之数要求由银行融资。此一实例虽几近夸大，但却是真人真事，而且类似实例举不胜举。总之，如无足够资本，即应扎实地有一分钱做一分生意，逐步成长。

(2) 长期资金

中小企业尤其是刚创建的中小企业，往往遇到长期资金借贷不易之苦，这也是由于其自有资金不足所衍生的。因自有资金不足，担保能力也就不足，因为其厂房土地均是租用的，无法提供物的担保。同时一般银行规定对于长期资金贷款如购置机械设备等必须有40%以上的自筹款，再则中小企业有时碍于贷款规定，亦不愿借贷长期资金。例如某中小企业欲购置机器三台，但由于向地下工厂购置可享巨额折扣优惠，而发生无法取得合法单据的现象，结果不仅可能产生机器品质粗劣的问题，也丧失了长期贷款的资格。而这笔支出，业主往往向民间高利短期资金贷用，到期一再换票转期，使自己背负巨额利息负担，并长期陷于轧头寸的地步。

中小企业最好能用长期资金支付资本性支出，因为它有以下各种好处：

① 弥补创业资金不足的弱点。

② 长期资本性支出贷款因向银行借，其利息可作为费用支出，在收益内扣除，因而可减轻税赋。

③ 如获得银行准贷许可，表示计划大致较稳妥，否则银行就不易批准。

筹措长期资金时，可循下列各种途径：

● 向银行申借资本性设备或建厂购地贷款。在申贷时必须具体地计划好欲购置的设备或厂地、价款、供应厂商、自筹款以及还款计划等。

● 向信托投资公司、租赁公司租赁可减轻自筹资本不足的困难，且可改善财务结构，使固定资产的投资不致过多。

● 申贷长期借款如押品不足或押品尚未成形或尚未设定前，可申请银行善用财团法人中小企业信用保证基金的保证。如你的企业是股份有限公司，也可利用银行法反面承诺的规定，用来弥补你担保能力一时不足的缺陷。

(3) 短期资金的筹措

一般厂商短期资金的来源有三：

① 向银行借贷周转金或以票据贴现；

② 向供货商赊欠；

③ 向民间高利贷借。

贷借民间利息太高，不宜采用；向供货商赊欠，又常因此形成不能自由选择供货商从而使原料零配件的购入不自由等弊端。但如能通过银行以开发国内有限期信用状方式融资，则不失为可行途径。

为预防短期资金的不足，厂商更应积极地从编制并控制现金流量、控制库存、设定安全存量以及加紧催收应收账款等方面着手，加强财务的管理工作。

5. 贷款用途及偿还来源的策划

现代银行已普遍采用系统性的授信五原则作为评估审核贷款的依据，其中最为重要的两项原则就是贷款用途及偿还来源。

① 贷款用途的剖析

提出贷款申请，不仅申贷金额必须确定，而且需附有具体的运用计划，该计划必须合情、合理、合法。银行于贷放后也可能追查用途。(见图表11－1)

图表11－1（制造业）贷款用途剖析表

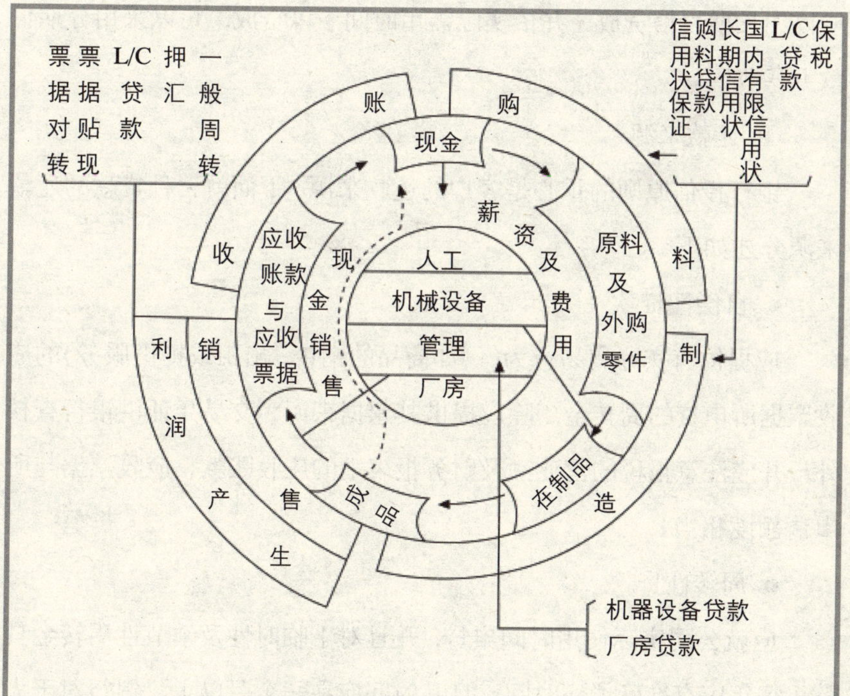

票据对转
票据贴现
L/C贷款
押汇
一般周转
信用状保证
购料贷款
长期信用状
国内有限信用状
L/C贷款
保税
账
购
现金
收
薪资及费用
料
应收账款与应收票据
现金销售
人工
机械设备
管理
厂房
原料及外购零件
制
利润
销
成品
在制品
造
产
售
生
机器设备贷款
厂房贷款

● 周转性贷款

此项贷款，又分为临时性贷款、季节性贷款与经常性贷款三种，前两者应配合企业实际需要时间，以短期周转金性质贷放，企业不得将其当作购置长期资产之用，并依企业营业旺季与淡季所需周转金的差额核估。至于后者，因属经常性周转金，应按照中长期贷款方式办理。

● 资产设备性贷款

企业为提高生产量，对于企业扩充或更新而购置土地、建物、机器等固定资产，或对购置专利权、支付设计费、技术费等所需的资金应以中长期授信贷放，并依实际需用时间予以贷放，可以采用分期付款方式收回。

② 还款来源

银行授信原则的重心是客户的还款来源。下面就三种贷款的还款来源分述如下：

● 自偿性贷款

应提供有实际交易行为(例如商品的销售、出租或提供服务)的应收票据所申贷的周转金。除应提供其票据来源、交易凭证供银行查核外，并应注意报税的营业额及财务报表上的应收账款、应收票据与所申请额度相当。

● 周转性贷款

应就公司实际使用时间申贷，并且对于临时性及季节性周转金贷款，每年应有准确偿还时间，且其时间应在一个月以上。银行对于大额授信户，依规定应要求编制现金收支预估表，以分析资金流向，并于贷放后，将其实际资金的收支与预估的现金流量相比较，分析其差别，以便作为今后授信评估的参考。

● 资产设备贷款

任何贷款，若不是出售资产收回者，就是以现金流量偿还，尤其对于资产设备的贷款，均不宜以出售资产作为收回的来源，因此银行对于资产设备贷款，通常依赖未来的盈余或增资收回。因此在申贷时，企业应着重于现金流量预估的各种假设是否适当，现金流量金额的多少，以及获利能力的趋势等，来说服银行相信本公司具有偿债能力。

重点提示

1．本篇所罗列侧重点不同的“中小企业管理研究报告”对您有何启示与帮助？贵公司出现过类似的问题吗？这些解决方法对于贵公司是否适用？

2．中小企业在设计管理制度时要注意哪四项原则？推行这些制度的时候又要注意哪些要点呢？

3．报告二中提出的中小企业合理化经营要注意的六点，是否适用于您的企业？

4．阅读完报告三风月堂公司和渡假出版社的案例，您有何感想？

5．请结合报告四和报告五思考：贵公司融资存在哪些困难？中小企业融资可通过哪些途径？该怎么结合中小企业的特点进行融资呢？

阅读心得 ______________________________

____

____

计划和改善的方向 ______________________________

____

____

第十二篇

两岸中小企业未来之探讨

一、蓝海战略给台湾企业的启示

二、不能忽视企业愿景规划

——透视中小企业“五年之痒”

三、中小企业长期生存的秘笈

四、中小企业战略转折

五、中小企业快速发展的新途径

一、蓝海战略给台湾企业的启示①

蓝海战略②赢家对台湾居多数的中小企业有何启示?

首先，中小企业必须是客户导向型企业。大企业有规模优势，加上风险考虑，一般客户比较喜欢与大企业往来。因此，中小企业一定要倡导客户导向，若失去了客户导向，中小企业是很难与拥有很多优势资源的大企业竞争的。其次，中小企业的速度一定要快，没有规模，就要在速度上取胜，这也是台湾企业成功的一个秘诀。第三，中小企业要能够整合，若光卖一个产品，往往没办法真正解决顾客的问题，所以一定要跟别人整合才能提供完整的解决方案。在网络经济时代，我们要当整合者，而不是生产营销活动都由自己完成。

1. 善用华人优势

提到华人世界的蓝海机会，首先想到的是中华文化的宝贵资产。例如故宫文物衍生的商机无穷，被很多时尚人士视为瓷器珍藏首选的法蓝瓷（Franz）取得故宫授权推出清代传教士朗士宁画作的“古意新瓷”系列，就是一个成功的模式。

此外，海外企业对华人世界的“知识不对称”，是台湾企业另一个台湾独特的优势。因为经营华人市场在知识上有很多跟经营西方市场不一样，我们称之为“知识不对称”，这也是台湾中小企业、传统产业企业家最好的优势。据观察，外资在大陆的投资，只要是跟台湾公司合资，一般而言都有盈利;反之，外资如果自己单独去大陆投资，似

① 朱博涌主编，《蓝海战略台湾版》，2006年版，第231面。

② 蓝海战略：教导企业如何专注于客户需求而非竞争对手，运用既能差异化又能低成本的创新方法，突破一直限于原有市场互相杀价拼占有率的残酷竞争红海，并由此不断开创新的“无人竞争”的市场空间即开创属于自己的一片蓝海，从而彻底甩脱竞争对手。

乎多半亏本。为什么？原因是海外跨国企业对大陆市场的知识，与台商对大陆市场的知识存在着不对称的情形，而台湾的企业家目前还拥有这样的独特优势，而且不只是中国大陆，对整个华人圈包括东南亚的华人世界，台湾企业家都有这样的优势，所以台湾企业应该把这种知识优势发挥出来，体现在自己的商业活动上。

未来不管高科技或传统产业，要立足世界必须把握新兴市场的机会，新兴市场包括:中国、印度、俄罗斯、巴西和东南亚等国家和地区。未来国际性的公司要成功，一定要在亚太地区做好布局，因为那是成长最快的市场，这给华人企业提供了绝佳的机会，亚太布局与华人市场的成功是立足世界不可或缺的两大支柱。

2．扮演整合者的角色

最后，要强调的是未来对整合者的需求，若能成功扮演整合者的角色，对台商而言将是一片大蓝海。其实很多公司已经在进行整合的工作，可是做得不够好。最成功的整合案例是香港的利丰集团，目前利丰集团已进入第三代经营。利丰整合了什么？利丰原本是贸易公司，照理来讲，在网络时代“去除中间人”的趋势下，贸易公司应该是没有生存机会的，但是利丰居然越做越大。除了原先的贸易，利丰成功转型为物流企业，可以接沃尔玛（Wal - Mart）的订单。因为利丰有能力单独整合五家到十家大型工厂，专门服务沃尔玛，别人可能需要两个月才能交货，而利丰两个星期就可以交货。为什么呢？因为利丰具备很强的整合整个价值链的能力。

这个模式很有可能是台湾中小企业未来应该做、也可以努力的方向。如果今天企业只是把产品卖给客户，并不能真正解决客户的问题。企业不仅要站在自己的立场思考，还应该从客户的需求来想事情，这才是蓝海战略成功的关键。

二、不能忽视企业愿景规划
——透视中小企业“五年之痒”[3]

一项调查显示：中国企业的平均寿命只有2~3年。创业前五年，许多企业如履薄冰，唯恐丧失了辛苦拼来的阵地。一些企业凭着毅力和实力挺过了这五年，跃上了新的台阶，而更多的企业却匆匆夭折。

为什么大多数企业会赶上“五年之痒”？或许，这些创业者在为了客户、生产、营销乃至攻城略地而忙碌时，忘记了一个企业最基本的生存规则。在北京创业四年多的张老板，正因为忽视了这个问题而险遭厄运。那么企业最基本的生存规则究竟是什么呢？

1．张老板的失误

四年前，激情满怀的张老板独自创立了一家公关公司，并四处寻找、游说，最终组建了一支互补性的六人团队。依靠较强的业务能力和苦干实干的创业精神，这家公司逐渐掌握了一定的经营管理方法，并积累了一些质量较高的“老客户”。终于从第四年开始，公司翻身开始赢利。

然而，正当张老板为了客户应接不暇时，意外却发生了。同行业的竞争公司开始挖张老板的“墙角”，而且攻势猛烈。在创业期，每个员工都是公司的顶梁柱，一旦这帮知根知底的“哥们儿”另投他处，必然给企业带来巨大的冲击，而短期内，张老板很难找到合适的人才，因而业务质量难以保证。张老板为此犯了愁，他从三个员工的脸上已经

③ http://www.jste.gov.cn:8082/ArticleDetail.aspx?Article_ID=14452，2006年8月。

隐约看到了离去之意。他们为什么要走？难道他们看不出公司有着多么美好的前景吗？

幸好，在辞职信降临之前，张老板与员工们做了深入、坦诚的沟通。彻谈之后，张老板才恍然大悟，他一门心思做业务，却忽视了一个最基本的问题即没有明确的公司愿景，他原本认为这是最虚无缥缈、不切实际的东西，而这正是令员工蠢蠢欲动的根本原因。他们说："我们总是在做事，却弄不清公司的蓝图是怎样的，也不知道自己能从中获取什么利益。既然都是打工，我们何不去一家愿景清晰、实力雄厚的大企业呢？"

张老板终于明白，公司愿景的能量竟如此之大，如果没有明确的公司愿景，业务做得再多、再好，也是枉然。

2006年，国家发改委中国中小企业国际合作协会、中国中小企业对外合作协调中心共同发起了一项造福国内中小企业的浩大工程——中小企业竞争力工程。通过这项工程的相关调研，我们发现，中国众多的中小企业恰恰犯了类似的错误。许多企业依靠业务和订单起家，创业者大多是业务能人，他们对实际而直接的话题十分敏感，却对公司愿景、企业文化这类"阳春白雪"的内容避而不谈，或觉得那是公司做大了才考虑的事。殊不知，它们绝不是简单的"阳春白雪"，而是企业的根，是动力之源，它是决定企业可以走多远的问题。

当公司发展两三年之后，老员工们已开始重新规划自己的职业生涯，以严谨、务实的眼光审视自己从事的工作和所在的公司。这些有实践经验的员工，早已成为竞争者眼中的肥肉，当这两股力量碰撞出火花时，受苦喊冤的也就只有张老板这样大意的领导者了。

2. 愿景的力量

管理大师彼得·圣吉说:“一个缺少共有的目标、价值观和使命的组织，必定难成大器”，而“有了衷心渴望实现的目标，大家会努力学习、追求卓越，不是因为他们被要求这样做，而是因为衷心想要如此”。

制定公司愿景是创业企业应该及早完成的一项工作。一个构思良好的愿景规划包括两个主要部分:生动的未来前景和核心经营理念。

在中小企业竞争力工程执行委员会副秘书长吴文钊看来，未来前景就是让每一名员工知道“我们将成为什么”。一个有效的愿景，是对组织成员的一种宏伟的承诺，使人们憧憬实现目标后的收益;是能让人们激情澎湃，觉得有点不切实际但又愿意为之奋斗，让人怀疑却又折服的目标。

而核心经营理念能让公司明白什么是发展的核心方向。在多变的市场环境中，哪些可以变，哪些永远不能变;哪些可以牺牲，哪些要坚决维护。这是企业发展的指南，没有它，企业迟早将陷入迷途。例如，著名的迪斯尼公司在创立早期便制定了公司愿景——成为全球的超级娱乐公司。索尼公司则在20世纪50年代初确立了公司愿景——成为最知名的企业，改变日本产品在世界上的劣质形象。正是这些最简单、直接的描述促使它们在商业的道路上披荆斩棘，一路高歌。

核心经营理念包含两个成分:核心价值观，即指导原则和宗旨体系;核心目的，即企业存在的根本理由。核心价值观是一个组织的重要和永恒的信条，且无需外界的评判。迪斯尼公司的“丰富想象和有益健康”的核心价值观，并非来自于市场要求，而是来自于创建者的内在信念。强生公司的首席执行官拉尔夫·拉森这样说道:“体现在我们经营宗旨中的核心价值观可能是竞争优势，但这并不是我们拥有它的原因。我们之所以拥有它，是因为它界定了我们的支持和主张，即便当它成为竞争劣势时，我们也会坚守它。”

核心目的则是组织存在的理由。有效的目的反映了人们在组织中从事工作的理想动力。然而，目的的实现不可能一帆风顺，这又恰恰意味着组织需要不断变革和发展。

然而，倘若一个有效的公司愿景被束之高阁，那等同于无效。公司愿景需要像“你最近好吗？”一样被反复提起。一个国际咨询公司曾展开过一项比较详尽的调查，涵盖20个不同国家的1500名高级管理人员，其中有870名首席执行官。当这些经理人被问及“首席执行官应该具备什么主要的特征或能力”时，98%的被调查者认为是“有传递愿景的能力”。

被誉为“经营之神”的松下幸之助从创业初始就非常重视公司愿景。他时常用公司愿景“轰炸”员工的大脑，让他们铭记心间，以至于他把任何一个员工从睡梦中喊醒，并询问松下的公司愿景时，员工都能回答得一字不差。

企业领导者是公司愿景的首要传播者、负责人，但他绝不是“一个人在战斗”。企业的高管团队同样担任着传播的责任，中小企业也不例外。

当然，制定并传播公司愿景并不能解决“五年之痒”的所有问题。事实上通过中小企业竞争力工程的前期调研和分析研究，还发现了许多中小企业关心和亟待解决的问题。但我们相信，倘若中小企业的领导者们能时常反思:“我的公司愿景够明确吗？”“是不是所有员工都能透彻理解？”那么，他们头疼且烦恼的问题将迅速减少，很多问题将迎刃而解。

三、中小企业长期生存的秘笈④

1．找到自己的核心生意

中国有古语“女怕嫁错郎，男怕入错行”，中小企业创建新品牌也是如此，选择一个理想的能使自己生来就有竞争力的行业是取得成功的第一步。为了找准核心生意，必须了解产业环境：一是要了解产业竞争者，即现有公司间的竞争；二是要预测潜在新加入者的威胁；三是来自客户的评价，满足消费者的新需求；四是供应商的评价；五是分析评估市场上新出现的同类产品。企业一定要洞悉自己的位置，发挥自己的优势。

我们常讲“人无远虑，必有近忧”，对于企业本身的发展来说也是这样，必须有一个核心生意的目标，这个目标跨期至少是5~10年，在中国至少要5年。有一个前提，就是目标必须是大胆而且成熟的战略性目标，而不是停留在利润、销售额等“数字层面”的低级目标。像迪斯尼建立的时候，它的目标就是要把欢乐带给世界；索尼在开创时的目标是要把产品卖到世界各地去，改变西方对日本产品品质的印象；耐克创建时的目标也非常清楚，那就是“我要打败阿迪达斯”，实际上在十年之内它真的超过了阿迪达斯。对于中国要想长期创建品牌的企业而言，需要迅速地完成目标跟理念的共识。由此我们可以看出，找到自己的核心生意并不仅仅是单纯确立行业方向和地位，更重要的是企业要有核心意识（即核心价值和核心使命），领导层对企业的目标和行动要达成共识，包括企业成功的六大元素的正确分析，即策略性定位、

④ 赵一鹤，http://www.globrand.com/2004/08/12/20040812-192448-1.shtml，2004年8月。

清晰的焦点问题、回应挑战的能力、反馈系统、发展速度及弹性、企业文化六大问题的分析。

以后企业的一切传播以及活动推广都围绕着这个核心生意点展开。找准自己的核心生意，可以从以下四个方面进行界定：

⑴ 构想产品或服务，制定产品或服务的标准；

⑵ 定义市场范围，产品是满足消费者的物质需求或精神需求，确定客户群；

⑶ 划分行业界限，企业该进入哪一个经营领域，明确自己的核心业务；

⑷ 定义品牌的核心价值，找到与消费者沟通的切入点。

2．如何和大品牌竞争

这是现今中国许多中小规模的产品生产厂家和服务商经常思考的问题。如果坦白地回答，那就是：它们不该与大品牌竞争。既然大品牌早已主宰了大多数大众市场，那干嘛还去和它们竞争呢？相反，小型企业应该将重点放在开发缝隙市场上，寻找还未得到充分开发的市场。或者采取侧翼进攻的方法，采取不同的区域市场方法。因为市场分化将会成为一大趋势，也成为企业塑造强势品牌的一大挑战，这必然会给中小企业提供更多的机会去进入并保住缝隙市场，即大品牌通常不能或不屑去追求的那些市场。找到缝隙市场，是创建可能具有强大竞争力品牌的一种途径。

(1) 缝隙市场的机遇

当中小企业发现主要市场已被知名品牌所垄断时，就应该考虑到市场分化的问题了。随着时间的推移，市场将细分为若干消费者群或市场板块，他们希望普通产品和服务也能按其特殊喜好量身定制。面向大企业照顾不到的消费群体，满足他们的需要，市场机遇就应运而生。缝隙市场绝不是残羹冷炙，它们有利可图，人们常常愿意多付一些钱，购买满足自己特定需要、追求或适合自己生活方式的某个专门品牌的产品或服务。而且，一旦公司打入市场并获得很大的市场份额，这些特殊产品或服务的地位就比较容易保住了。

市场细分产生了缝隙市场。开发缝隙市场成为中国大部分的企业面临的巨大机遇之一。为专门的消费对象生产专门产品，将成为中小企业对抗国际品牌成功发展的关键之一。比如，排毒养颜胶囊就是开发缝隙市场的典型。

(2) 注重服务

将服务融入消费品牌体验，在中国有着无与伦比的优势。因为中国人具有亲切、热情、礼貌、容忍、友好、谦虚、体贴等共同特点。这些特点有助于树立品牌个性，如果这些品牌个性得到充分发挥，就能超过许多外国品牌，在服务行业尤其如此。不过，这些特点也可应用到任何业务中，这是因为，任何产品或服务的销售或提供在很大程度上都依赖于企业与顾客的关系，消费者的体验也是如此。只要明确界定这些个性，并将其转化为实际工作表现，自始至终坚持高标准，那么开发强大的国际品牌个性，其机会之大是不言而喻的。出色的服务肯定有助于保持并提高消费者对品牌的忠诚。

在提供服务时，必须牢记:出了差错后（差错经常会发生）必须迅速彻底地提供服务补救措施。这就意味着企业必须特别注重员工在这方面的培训，因为中国人还有一个特点，就是在感到要为某些已出现的问题负责时，他们会觉得尴尬，感到很丢面子，并且需要一段时间才能摆脱这种情绪。售后服务也同样重要。也许你的产品是最佳的，但是顾客希望有个良好的、值得信赖的售后服务网络。近年来，这已成为中小企业的一个弱点，特别是耐用消费品生产企业。一个有良好的信誉保证，有方便的服务中心，而且反应迅速的企业必然会获得更多消费者的青睐，消费者也由此会忽视你是小企业的现实，产生亲近感。通过服务树立形象，这些都是必不可少的。

快速找到核心生意，避实就虚与大企业进行竞争，对于中小企业快速建立品牌的重要意义在于它能为品牌的发展提供一个坚实的可依靠的基础，因为只有确定了品牌远景，才能界定品牌的价值观与品牌的核心概念。

四、中小企业如何实施战略转折[⑤]

1．何谓战略转折点

英特尔公司总裁安德鲁·葛洛夫在《只有偏执狂才能生存》一书中不只一次谈到战略转折点的重要性。他在书中下的定义是:“就是企业的根基所在即将发生变化的那一时刻。这个变化有可能意味着企业有机会上升到新的高度，但它也同样有可能标志着没落的开端。”

什么是转折点？数学上，当曲线的斜率变化成比率开始改变，比如由负转正的时候，我们就遇到了转折点;物理学上的转折点，是指凸面线转化为凹面线的那一点。

企业的战略问题也是一样，在转折点上，旧的战略图被新的所代替，顺应了潮流，你就上升到一个新高度;反之如果逆流而上，你可能就此滑向低谷。换言之，当战略转折点出现时，各种因素的平衡无论在结构、竞争方式还是企业经营模式方面都会被打破，而实现新的组合。战略转折点常常由技术变化引起，但又不局限于技术变化层面。这种力量是在暗中渐渐地集聚起来的，你知道有变，却不知道什么在变，没有人会事先为你敲响警钟，提醒你已站在转变的边缘。它是一个渐变的过程，各因素悄悄积聚，并开始改变着企业的特性;中间的转变过程潜移默化，扑朔迷离;从前的管理手段无一奏效，企业失去了对经营的控制……

战略转折点为何重要？如果放任自流，战略转折点就会致人于死地，那些面临战略转折点没有顺应变化的公司，往往成为战略转折点

⑤ 周文辉，http://www.ccw.com.cn/cio/cioexpert/htm2006/20060302_211co.asp《科技创业月刊》，2006 年 3 月。

的牺牲品。这样的转变给企业带来了深刻的影响，企业以这个转变的处理决定了企业的未来。计划的制定应该仿效消防队，谁也不能预料下一次火灾在何处发生，因而要做的事就是组建一支精力充沛、训练有素的消防队伍，使之能够像处理普通事件那样处理意外事件。对战略转折点的思考，帮助我们的企业在日益激烈的竞争中求得生存。

2．战略转折点的及时察觉

由于内外部环境的变化是一个潜移默化的渐进过程，使得当局者像“煮青蛙现象”中所描述的那样，对逐步加热的水毫无察觉，还在水中悠闲自得地游着，全然不知道灭顶之灾行将来到。企业家在经营过程中对外界环境的变化常视而不见，以致何时出现“战略转折点”无法及时察觉。如何提高自己对渐变的敏锐性？怎样才能做到见微知著？这是我们首先要解决的问题。

⑴ 建立“居安思危”的企业文化

在这个飞速发展的时代，“变是唯一的不变”。如果固步自封、墨守成规，不能顺应时代的变化，就随时有被淘汰的危险。而强有力的企业文化能影响人的潜意识、思维习惯等本能反应，让“居安思危”成为各级管理者根深蒂固的“条件反射”，随时随地向人们敲起警钟，借以化解人们麻痹大意的思想。海尔老总张瑞敏提出：“海尔永远都处于‘兢兢业业、如履薄冰’。”微软的比尔·盖茨也告诫他的同仁：“微软离破产永远只有18个月。”

(2) 设置预警系统

不测事件一旦发生，再去抢救，则是雨后送伞，为时已晚。因此，应该随时随地跟踪、监控所择定的环境因素，一旦发现某种异样迹象，理应引起警觉，采取相应的应变对策。预警系统有两个要素，具体操作办法如下：

① 监控指标

即根据发生概率和影响大小确定重要的内外部环境因素，作为重点监控对象。在各种各样的内外环境因素中，并非都是整齐划一的，它们之中有的变化速度快，有的较慢；有的发生变化的概率高，有的很低；有的将给企业带来威胁，甚至给予沉重打击；有的则可能给企业带来机会；还有的环境因素相互制约等等，它们对战略实施所造成的冲击或影响绝不可能等量齐观。

企业面临的问题有很多，我们不可能在短时间内把全部问题都解决，也不可能同时解决，这是客观允许的可能性和参与竞争的约束条件所致，处于竞争中的企业进行着实力较量，各个环节、各个要素之间也进行着较量，在错综复杂的竞争环境的变化中，总会有一种因素起着领导的、决定的作用。在资源有限的情况下，企业只能选择那些发生概率高、并且对企业影响大的因素作为监控对象。它们是成功的关键因素，对全局的发展起着决定性的作用，这些关因素可能成为影响和控制企业生存发展的枢纽。毛泽东在指导中国革命战争过程中，在每个关键的战略转折点，总能从战略布局去谋划战役，从整个竞争全局去谋划最具有决定意义的关键环节、要害部位，抓住了这些关键环节，就能够牵一发而动全身。在不同的行业中，这些成功的关键因素会有所不同，如在IT行业，技术和服务就是核心因素。在用友财务软件一统天下之时，金蝶财务软件借软件操作系统由DOS平台向WINDOW平台转变之机，迅速后来居上，跃居国内财务软件市场第二把交椅，而很多没有及时转移的财务软件公司却在市场上销声匿迹。

② 扳机点

是指控制监控指标的临界点，也是预先所准备的因应计划必须开始发动之点，即一旦被控事件的测量指标超过临界点时，则战略转折点就到了，需要企业家采取战略转移。

(3) 提出战略假设

杰出的战略决策是以英明的预见、正确的预测作为根据的。然而，真正对决策有价值的是预见与预测的结论，而这种结论却是以未经实践检验的假设为前提的。“战略假设”应成为企业家每天的必修功课，应用“如果发生什么则应如何对付”的假设法。要求企业家事先必须准备好预防不测事件的方案措施，有恃无恐，以免在事件突变时惊惶失措，陷入窘困，导致被动失利。对一切不测的意外事件都要建立假设，预先拟定应变方案计划，尽可能地使“意料之外”变为“意料之中”。并且继续追踪，以验证假设与事实的接近程度，并辨别真伪。在军事上有句老话“计划有时候可能毫无用处，然而却永远也不应该抛弃它”。

(4) 修筑内部信息畅通渠道

英特尔总裁格鲁夫深感：“高层领导有时直到很晚才明白周围世界

已发生改变，老板有时是最后一个知道真相的人。”为什么会这样？一是下级员工报喜不报忧的心理作怪，因为大多数领导者都有着一般人的人性弱点，即喜欢听好消息，不喜欢听坏消息，员工为了保护自己的职业前途，有什么情况必经精心筛选后，再择其成绩向上汇报；二是等级森严的官僚体制形成的“大企业病”所致，老板们位居“金字塔”的最顶端，靠听汇报做决策，收到的自然是经过层层粉饰加工的“糖衣炮弹”。

保持内部信息交流的畅通，建立双向沟通的管道，这是成功企业制度保证。例如，摩托罗拉除规定各级领导办公室的门都要始终敞开准许员工随时进入提出意见和不满之外，还通过其他11条自由的途径让员工向上级领导表达意见；而英特尔的格鲁夫则每天不管多么忙，也总要打开电子信箱查收来自全世界各地第一线员工的心声，“不要与他们争论，即使很费时，也要尽你所能侧耳倾听，听听他们知道的事情，了解这些事情使他们担忧的原因。”“从那些与我远隔重洋的人或工作地位远低于我的人那里听取汇报，可以根据他们的看法准确地了解业务问题。他们的看法的出发点与我不同，这使我获得了从平时交谈中得不到的洞察力。”如果格鲁夫固守“不准越级汇报”的管理圣经，那就听不到来自市场第一线的声音，也就不能在第一时间察觉市场变化的信号，从而贻误战机。

3．适时实施战略转移决策

企业所面临的竞争环境具有信息不对称、事情不确定的特征，特别是进入21世纪网络时代以来，企业经营环境的“乱气流”增大，其变化有如下四个显著的趋势：

- 环境变化的新奇性增加。主要是指从未发生过的变化增多，使得企业过去成功的经验无法应付环境的变化。

- 环境变化的强度增大。指企业为了应付各种环境变量（如供应商、顾客、股东、政府、竞争对手等）而花费的精力、资源增大了，使得企业在处理问题的过程中运作成本增加。

- 环境变化的速度加快。主要指科学技术的突飞猛进所引起的产品生命周期大大缩短，让新产品迅速成为过时货。

- 环境变化的复杂性增强。指环境变量增多，以前与经营管理关系不大的因素也在施加影响力，如Internet的发展，催生了新经济的出现，使得我们的社会生活方式、价值观发生了根本的改变。

当发现了异常情况，而原有的经验又无法有效解决时，这时就基本上可以判断到了战略转折点的边缘。当隐约感觉战略转折点已经来临时，果断地做出正确的战略转移决策是对企业家功力的严峻考验！这里包含两层意思：一是能否做到“该出手就出手”；二是出手的方向与策略是否对头。

(1) 勇于向自己开炮

进行战略转移对企业来说是一场痛苦的体验。因为这时你必须对过去成功的经验进行否定，离开自己熟悉的领域，特别是那种被动实施战略转移的决策者，更会遇到内部极大的阻力和内心痛苦的挣扎，甚至在人才和资金上要付出很大的代价。英特尔曾经是存储器的代名词，当日本同行以低价优质的产品逼得它节节败退时，英特尔决定放弃存储器市场，忍痛把苦心经营10年、价值几个亿的工厂关闭，员工解散好几千人，这时要战胜的不仅仅是理智，更是累积已久的情感。

哈特在其所著的《战略论》中十分透彻地讲道:“在任何情况下，只要存在竞争对手，就要设想几种行动方案。无论在战争时代，还是和平的生活时期，都要遵循一条原则:只有‘适应’才能‘生存’！”。

海尔的观点是:“市场是在不断变化的，创新的成果都是暂时的，今天的成果到明天就不一定是成果。所以在别人打倒你之前，只有自己不断地打倒自己，才能永远不被别人打倒。”感情上再难以割舍，也要清醒地认识到:形势已经发生很大变化了，如果不及时顺应大势，就会带来更大的损失，长痛不如短痛。

⑵ 掌握战略转折的方法论

毛泽东之所以能适时实行战略转移，是因为他正确把握了科学的方法论。这个方法论要求我们:

① 决策者要通过直接和间接的调查研究，熟悉消费者、竞争对手等各方面的情况(包括目前的情况和在发展中可能出现的情况)，这是进行分析和综合，认清主要矛盾，抓住战略枢纽的关键。情况明，才能决策准。

② 对认识和掌握的情况进行具体分析，将各种复杂的现象、情况和问题，认真鉴别比较，找出事物的本质和核心。

③ 全面地看待问题。观察问题要避免一叶障目，忌带主观性、片面性和表面性，要克服经验主义、教条主义和官僚主义，要有高度的

责任感。市场竞争的实质是企业和竞争对手争夺顾客，所以如何去满足顾客变化了的需求就成为战略转折的核心内容。

(3) 具体规定战略转折的目标、内容和方法

战略转折的目标确定后，还需要将其进一步变成行动方案，规定其完整、系统的具体内容和方法。如英特尔为了掌握市场变化的主动权，从而更加有效地驾驭众多计算机用户，采取大张旗鼓地宣传“intel inside”，当时很多行内人士看不懂公司为什么要跟消费者直接沟通，因为这不仅要花钱，而且买它产品的不是最终消费者，而是供应商。后来英特尔还逼着电脑供给商一起跟它做广告，供给商打广告，它补贴一部分费用。英特尔还规定，所有平面广告中它的标志不能比供给商的小，而且要在显著的位置。很明显，英特尔是集中所有客户同时替它做广告，它利用这个营销创新，获得了最大的利益。

五、中小企业快速发展的新途径[⑥]

在当前的市场环境下，如何让经销商信任你，是招商中急需解决的问题。但如何让企业和经销商都受益，却是招商过程中的难题。实际上，中小企业要解决的问题是:第一，解决招商的问题（企业自己满意);第二，解决市场后续操作的问题（经销商满意)。而独创的路演招商模式，使不同的产品很快地占领市场，并表现出强劲的上升势头。

那么，路演招商是什么呢？所谓路演，广义的是指通过现场演示的方法，引起目标人群的关注，让他们产生兴趣，最终达成销售。路演有两种功能:一是宣传，让更多的人知道你，二是可以现场销售，增加目标人群的试用机会。所谓招商，就是通过厂家或者招商机构发布产品经营信息，寻找到目标地区合适的代理人。

因此，在路演的基础上，不但要宣传，要现场销售（主要是面对消费者的)。同时，又增加了一个新的目的，就是要引起目标商家的注意（目标经销商)，通过对自己产品的展示和销售方法的展示，促使他们感兴趣并最终认可。因为此时的路演不仅仅是宣传和销售，更是要达到招到经销商的目的。

其实路演招商可以解决了两个问题:一是可以让企业达到了招商的目的，快速启动市场;二是可以让目标经销商明白市场如何操作，有解决问题的方法。路演不是目的，招商才是目的。那么，路演招商如何操作呢？下面举一个案例来论述。

⑥ 王睿，http://www.globrand.com/2006/06/06/20060606-125230-1.shtml，2006年3月。

案例：

2003年3月，主营薄荷味水和矿物质水的某饮料公司刚成立一年，面对更加严峻的市场环境，要想生存，就必须突破传统，找到适合自己的发展之路。公司经过一年的市场运作，通过自营市场，已积累了一些忠诚的二级批发商，但要想扩大市场规模，就需要有大批的一级经销商来支撑。企业实力有限，如何引起市场关注，找到合适的经销商，为2003年的夏季战役打一场漂亮的翻身仗，是摆在营销经理和老总面前的一道未知难题。

通过对市场的了解，公司认为，确定以薄荷水为主打产品，通过合适的招商方式，迅速建立起销售网络，才能够突破当前的困境。策略确定以后，就看如何演绎此次招商了。

该公司决定由公司销售人员在指定区域内的渠道通路上进行现场销售，以达到影响经销商和相关业务人员，进而能够让经销商接受自己的产品，最终达到在指定区域内招商的目的。

1．表演：造声势

如果不能做大池塘中的小鱼，就做小池塘中的大鱼吧！对公司来说，能把局域市场做好，成功招商，稳步发展，就是小池塘中的大鱼了。

要想表演好，就要有真功夫；有真功夫还不行，还必须把真功夫宣传出去，让更多的人知道。因此，公司采用了三种方法进行宣传：

(1) 宣传单

宣传单要传达两个信息：一个是面对消费者的，一个是面对经销商的。对消费者要传达该饮料的特点，是带有薄荷味的清凉水；对经销商要传达的是我们要寻找独家代理商，并传达价格及厂家的支持。于是，经过突击，发放了5万张宣传单，所有的便利店、一级批发商、二级批发商甚至经销冷饮的小摊位，都知道有一个新产品来了。同时对城乡结合部进行了普投，在大型超市门口和繁华街道进行普投。

这样的一轮宣传，已经让大街小巷都有了一种水是薄荷的味道，通过传单的发放，向市场传达了该饮料就要上市的信息。

(2) 铺货

宣传已经做了，下一步就是要让商家能够进货，要让消费者能够买到。铺货是路演中的关键，只有货品到位，才能引起真正商家的关注，才能够达到招商的目的。除了销售人员专业的销售技巧之外，公司的销售政策十分明确：进30件货赠送一辆价值190元的自行车，并且，公司免费配送，价位是1箱24瓶，每箱16元，如此低价，已经比市场上的竞品低了1元左右，由于前期的宣传，大家都已经有所耳闻，所以大大小小的经销者都愿意进货。

(3) 陈列

货铺下去后，要能够消化才行，要敦促经销者尽快让货品动起来。要帮助销售点陈列，把产品信息更多地传递给消费者。在铺货后，销售人员十分重视产品的陈列，比如在进货多的二级批发商的门口堆起大堆货品，在小经销点则进行单瓶的陈列等，总之，不放过一个能够陈列产品的机会。

产品从发放传单、铺货到陈列，这是一个完整的系统。如果把整个路演招商比作一场戏，那这个过程就是产品上场进行的表演。表演主要是给谁看的？是给经销商看的，同时也是给二级批发商和终端消费者看的。整个过程的重点如下：

① 该饮料的宣传攻势大，是要重点做市场；

② 高达95%的铺货率，在造声势的过程中，重要的是让每一个零售商都能看到公司的产品，形成一种热销局面；

③ 规范的陈列意味着销售人员是专业的，同时，也能够与同类产品区别开来。无论客户要货量多少，一定帮他们陈列货品；对于要货量超过20件的，会在门口建立堆头。

帮助经销商，其实也是帮助公司。在这个过程中，通过造声势，产品已经随处可见，同时也引起了商户和经销商的关注。

但这并不是最终的目的，公司的最终目的是找到合适的经销商，这一步主要是要引起他们的高关注度。

2．演变：找目标

表演是为了引起别人的关注。但公司的目的不仅仅是要引起别人的关注，而且要让别人认可，特别是经销商的认可，这是公司最终的目标。此时，工作的重点已经变为甄别经销商和确定经销商了。经销商的来源主要有：主动跟公司联系的；公司发现有潜力的；别人推荐的。

实际上，在第一轮宣传时，已有经销商表示合作的意愿，通过路演，当地已有10多个商户和公司谈合作事宜，但公司要选择合适的代理商，能持久合作的。

在铺货的过程中，也发现了一些有潜力的二级批发商。当然，那些信誉和实力好的代理商，零售终端也向公司推荐。通过多渠道考察，公司锁定了两家，一家是商贸有限公司，老板李经理是近两年才做起来的经销商，主要代理的有酒类、饼干等，有自己的配货车，3个业务员；另一家是商行，是当地一家老牌经销商，经销产品众多，有5辆送货车，包括厂家业务在内有10多人的队伍，有健全的网络。经过综合分析，公司认为商贸公司虽然是新的经销商，但老板年轻，有市场开拓信心，最主要的是他没有经营同类产品，就目前来说，该饮料就是他的主力产品之一，正好填补他的经销空白。而商行虽然有实力，但他经销的产品太多，一个不知名的三线品牌，不一定能引起他们的重视，虽然他们想代理，但不一定会重点经营。

该饮料通过路演招商模式，在每一个市场的招商过程中，不但没有过多的费用支出，而且还有盈利。在短短的一个月内，周边10多个市场已经成功招商。在招商成功后，公司又通过更细致的市场辅导，如帮助客户建立客户档案，对客户方的销售人员提供一对一的协助销售，让客户真正能够看的见，做的到，解决了很多招商企业后劲不足的弊病。

路演招商作为一种务实的招商方法，相信对于没有实力运做大型招商的企业，是完全可以采用的一种有效方法。这种招商模式不会有更多的费用，相反，在路演的过程中，由于是自己操作市场，还可以赚到钱。由于路演招商时潜在经销商还看着你、跟着你，所以，参与路演招商的人员素质要高，要具有迅速解决突发问题的能力。对于有人才，没资金实力的中小企业，采用路演招商的方法是不错的选择。

重点提示

1．您了解最近热门的“蓝海战略”吗？它的精髓是什么？它对于台湾中小企业的启示是否同样启发了您？

2．什么是“核心经营理念”？它和企业愿景有什么关系？贵公司有经营愿景呢？参照本篇第二节看看是否需要修改。

3．企业想长期生存要做到哪几点？如何找准自己的核心生意？

4．何谓“战略转折点”？怎样及时察觉战略转折点，以免延误商机？何时才是贵公司适时实施战略转移决策的时机？

5．什么是“路演招商”策略？第五节某小饮料公司通过“路演招商”而快速发展的案例中的一些策略，哪些适用于贵公司呢？

阅读心得＿＿＿＿＿＿＿＿＿＿＿＿＿＿＿＿＿＿＿＿

＿＿＿＿＿＿＿＿＿＿＿＿＿＿＿＿＿＿＿＿＿＿＿＿

＿＿＿＿＿＿＿＿＿＿＿＿＿＿＿＿＿＿＿＿＿＿＿＿

计划和改善的方向＿＿＿＿＿＿＿＿＿＿＿＿＿＿＿＿

＿＿＿＿＿＿＿＿＿＿＿＿＿＿＿＿＿＿＿＿＿＿＿＿

附录

中华人民共和国中小企业促进法

中华人民共和国中小企业促进法

第一章　总则

第一条　为了改善中小企业经营环境，促进中小企业健康发展，扩大城乡就业，发挥中小企业在国民经济和社会发展中的重要作用，制定本法。

第二条　本法所称中小企业，是指在中华人民共和国境内依法设立的有利于满足社会需要，增加就业，符合国家产业政策，生产经营规模属于中小型的各种所有制和各种形式的企业。

中小企业的划分标准由国务院负责企业工作的部门根据企业职工人数、销售额、资产总额等指标，结合行业特点制定，报国务院批准。

第三条　国家对中小企业实行积极扶持、加强引导、完善服务、依法规范、保障权益的方针，为中小企业创立和发展创造有利的环境。

第四条　国务院负责制定中小企业政策，对全国中小企业的发展进行统筹规划。

国务院负责企业工作的部门组织实施国家中小企业政策和规划，对全国中小企业工作进行综合协调、指导和服务。

国务院有关部门根据国家中小企业政策和统筹规划，在各自职责范围内对中小企业工作进行指导和服务。

县级以上地方各级人民政府及其所属的负责企业工作的部门和其他有关部门在各自职责范围内对本行政区域内的中小企业进行指导和服务。

第五条　国务院负责企业工作的部门根据国家产业政策，结合中小企业特点和发展状况，以制定中小企业发展产业指导目录等方式，确定扶持重点，引导鼓励中小企业发展。

第六条　国家保护中小企业及其出资人的合法投资，及因投资取得的合法收益。任何单位和个人不得侵犯中小企业财产及其合法收益。

任何单位不得违反法律、法规向中小企业收费和罚款，不得向中小企业摊派财物。中小企业对违反上述规定的行为有权拒绝和有权举报、控告。

第七条　行政管理部门应当维护中小企业的合法权益，保护其依法参与公平竞争与公平交易的权利，不得歧视，不得附加不平等的交易条件。

第八条　中小企业必须遵守国家劳动安全、职业卫生、社会保障、资源环保、质量、财政税收、金融等方面的法律、法规，依法经营管理，不得侵害职工合法权益，不得损害社会公共利益。

第九条　中小企业应当遵守职业道德，恪守诚实信用原则，努力提高业务水平，增强自我发展能力。

第二章　资金支持

第十条　中央财政预算应当设立中小企业科目，安排扶持中小企业发展专项资金。

地方人民政府应当根据实际情况为中小企业提供财政支持。

第十一条　国家扶持中小企业发展专项资金用于促进中小企业服

务体系建设，开展支持中小企业的工作，补充中小企业发展基金和扶持中小企业发展的其他事项。

第十二条　国家设立中小企业发展基金。中小企业发展基金由下列资金组成：

（一）中央财政预算安排的扶持中小企业发展专项资金；

（二）基金收益；

（三）捐赠；

（四）其他资金。

国家通过税收政策，鼓励对中小企业发展基金的捐赠。

第十三条　国家中小企业发展基金用于下列扶持中小企业的事项：

（一）创业辅导和服务；

（二）支持建立中小企业信用担保体系；

（三）支持技术创新；

（四）鼓励专业化发展以及与大企业的协作配套；

（五）支持中小企业服务机构开展人员培训、信息咨询等项工作；

（六）支持中小企业开拓国际市场；

（七）支持中小企业实施清洁生产；

（八）其他事项。

中小企业发展基金的设立和使用管理办法由国务院另行规定。

第十四条　中国人民银行应当加强信贷政策指导，改善中小企业融资环境。

中国人民银行应当加强对中小金融机构的支持力度，鼓励商业银行调整信贷结构，加大对中小企业的信贷支持。

第十五条　各金融机构应当对中小企业提供金融支持，努力改进金融服务，转变服务作风，增强服务意识，提高服务质量。

各商业银行和信用社应当改善信贷管理，扩展服务领域，开发适应中小企业发展的金融产品，调整信贷结构，为中小企业提供信贷、结算、财务咨询、投资管理等方面的服务。

国家政策性金融机构应当在其业务经营范围内，采取多种形式，为中小企业提供金融服务。

第十六条　国家采取措施拓宽中小企业的直接融资渠道，积极引导中小企业创造条件，通过法律、行政法规允许的各种方式直接融资。

第十七条　国家通过税收政策鼓励各类依法设立的风险投资机构增加对中小企业的投资。

第十八条　国家推进中小企业信用制度建设，建立信用信息征集与评价体系，实现中小企业信用信息查询、交流和共享的社会化。

第十九条　县级以上人民政府和有关部门应当推进和组织建立中小企业信用担保体系，推动对中小企业的信用担保，为中小企业融资创造条件。

中小企业信用担保管理办法由国务院另行规定。

第二十条　国家鼓励各种担保机构为中小企业提供信用担保。

第二十一条　国家鼓励中小企业依法开展多种形式的互助性融资担保。

第三章 创业扶持

第二十二条 政府有关部门应当积极创造条件，提供必要的、相应的信息和咨询服务，在城乡建设规划中根据中小企业发展的需要，合理安排必要的场地和设施，支持创办中小企业。

失业人员、残疾人员创办中小企业的，所在地政府应当积极扶持，提供便利，加强指导。

政府有关部门应当采取措施，拓宽渠道，引导中小企业吸纳大中专学校毕业生就业。

第二十三条 国家在有关税收政策上支持和鼓励中小企业的创立和发展。

第二十四条 国家对失业人员创立的中小企业和当年吸纳失业人员达到国家规定比例的中小企业，符合国家支持和鼓励发展政策的高新技术中小企业，在少数民族地区、贫困地区创办的中小企业，安置残疾人员达到国家规定比例的中小企业，在一定期限内减征、免征所得税，实行税收优惠。

第二十五条 地方人民政府应当根据实际情况，为创业人员提供工商、财税、融资、劳动用工、社会保障等方面的政策咨询和信息服务。

第二十六条 企业登记机关应当依法定条件和法定程序办理中小企业设立登记手续，提高工作效率，方便登记者。不得在法律、行政法规规定之外设置企业登记的前置条件；不得在法律、行政法规规定的收费项目和收费标准之外，收取其他费用。

第二十七条 国家鼓励中小企业根据国家利用外资政策，引进国外资金、先进技术和管理经验，创办中外合资经营、中外合作经营企业。

第二十八条　国家鼓励个人或者法人依法以工业产权或者非专利技术等投资参与创办中小企业。

第四章　技术创新

第二十九条　国家制定政策，鼓励中小企业按照市场需要，开发新产品，采用先进的技术、生产工艺和设备，提高产品质量，实现技术进步。

中小企业技术创新项目以及为大企业产品配套的技术改造项目，可以享受贷款贴息政策。

第三十条　政府有关部门应当在规划、用地、财政等方面提供政策支持，推进建立各类技术服务机构，建立生产力促进中心和科技企业孵化基地，为中小企业提供技术信息、技术咨询和技术转让服务，为中小企业产品研制、技术开发提供服务，促进科技成果转化，实现企业技术、产品升级。

第三十一条　国家鼓励中小企业与研究机构、大专院校开展技术合作、开发与交流，促进科技成果产业化，积极发展科技型中小企业。

第五章　市场开拓

第三十二条　国家鼓励和支持大企业与中小企业建立以市场配置资源为基础的、稳定的原材料供应、生产、销售、技术开发和技术改造等方面的协作关系，带动和促进中小企业发展。

第三十三条　国家引导、推动并规范中小企业通过合并、收购等方式，进行资产重组，优化资源配置。

第三十四条　政府采购应当优先安排向中小企业购买商品或者服务。

第三十五条　政府有关部门和机构应当为中小企业提供指导和帮助，促进中小企业产品出口，推动对外经济技术合作与交流。

国家有关政策性金融机构应当通过开展进出口信贷、出口信用保险等业务，支持中小企业开拓国外市场。

第三十六条　国家制定政策，鼓励符合条件的中小企业到境外投资，参与国际贸易，开拓国际市场。

第三十七条　国家鼓励中小企业服务机构举办中小企业产品展览展销和信息咨询活动。

第六章　社会服务

第三十八条　国家鼓励社会各方面力量，建立健全中小企业服务体系，为中小企业提供服务。

第三十九条　政府根据实际需要扶持建立的中小企业服务机构，应当为中小企业提供优质服务。

中小企业服务机构应当充分利用计算机网络等先进技术手段，逐步建立健全向全社会开放的信息服务系统。

中小企业服务机构联系和引导各类社会中介机构为中小企业提供服务。

第四十条　国家鼓励各类社会中介机构为中小企业提供创业辅导、企业诊断、信息咨询、市场营销、投资融资、贷款担保、产权交易、技术支持、人才引进、人员培训、对外合作、展览展销和法律咨询等服务。

第四十一条　国家鼓励有关机构、大专院校培训中小企业经营管理及生产技术等方面的人员，提高中小企业营销、管理和技术水平。

第四十二条　行业的自律性组织应当积极为中小企业服务。

第四十三条　中小企业自我约束、自我服务的自律性组织，应当维护中小企业的合法权益，反映中小企业的建议和要求，为中小企业开拓市场、提高经营管理能力提供服务。

第七章　附则

第四十四条　省、自治区、直辖市可以根据本地区中小企业的情况，制定有关的实施办法。

第四十五条　本法自 2003 年 1 月 1 日起施行。

福友企业管理顾问有限公司
服务项目简介

公司简介

★*Since 1994*

★*辅导、培训各类型企业逾2 500家，人数逾50 000人次*

★*中国管理咨询行业十大标志性品牌*

福友企业管理顾问有限公司，由台湾知名企管专家林荣瑞先生于1994年创办成立。公司以“提升人的品质”为宗旨，以“和谐、精进”为企业精神，以“追求卓越，创造一流”为经营理念，并向顾客承诺：创造一流的效果。

公司提供的服务主要针对企业内部管理的建立及提升与改善。服务项目包括企业管理诊断、制度规划设计、合理化的导入、员工教育训练（企管研习会、企业内训）、经营管理咨询、顾问辅导，以及企业管理书系、精美海报标语等的企划、发行。

在众多企业界朋友的关心与支持下，公司已在全国各大省市成功地辅导及训练台资、港资、欧美、国有及私营企业逾*2 500*家*50 000*人次以上，享誉中国大陆制造型企业。

伴随着国内企业的成长，福友团队也在适时不断地对自己提出更高要求的挑战：

◆ **制造业管理经典用书尽在福友！**

《福友现代实用企业管理书系》务实可操作性的风格已成为全中国制造业经典用书！

◆ **制造业科学管理的黄埔军校！**

最早接受福友培训的企业人，现已成长成为企业的中高层管理中坚干部；最早接受福友指导的企业业已更加发展壮大，福友承诺：成功路上与您同行！

◆ **专业团队日益发展壮大！**

福友在企管业界的良好口碑，吸引着愈来愈多的两岸知名企管专家前来助阵。随着专业团队的日益发展壮大，近20位专聘顾问能够更好地为广大企业提供更多直接有效的服务！

我们是专家不是学者，本着务实的作风扮演“企业成功路上良师益友”角色，志在为国内的企业管理水平的提升贡献一份心力。

福友承诺：

好东西与好朋友分享，矢志成为您管理路上的好帮手！

厦门总公司	电话：0592-2395581(总机)	传真：0592-2396530 2395580	http://www.foryou.tw.cn	E-mail:xm@foryou.tw.cn
泉州公司	电话：0595-22160010(总机)	传真：0595-22160012	http://www.foryou.tw.cn	E-mail:qz@foryou.tw.cn
苏州公司	电话：0512-68294860(总机)	传真：0512-68294859	http://www.foryou.tw.cn	E-mail:sz@foryou.tw.cn
宁波公司	电话：0574-87856585(总机)	传真：0574-87856586	http://www.foryou.tw.cn	E-mail:nb@foryou.tw.cn
青岛公司	电话：0532-85021619(总机)	传真：0532-85021719	http://www.foryou.tw.cn	E-mail:qd@foryou.tw.cn
深圳公司	电话：0755-86110016(总机)	传真：0755-86110015	http://www.foryou.tw.cn	E-mail:gd@foryou.tw.cn

福友企管VIP

■选择福友VIP的理由

1．口碑最好：造福朋友是福友的一贯宗旨
2．足迹最广泛：福友足迹遍布国内30多个省市，书籍更是远销东南亚、美国、台湾
3．经营最稳健：福友从1994年成立至今已逾十六余年历史
4．课程最多：每年在全国举办各类生产经营管理培训课程
5．阵容最强大：近20位专职两岸专家汇集福友
6．内容最实用："简单、直接、有效"是福友公司的一贯承诺
7．服务项目最多：制造业经典用书、经典课程、训练营、系列内训、专案诊断、辅导享誉国内
8．收费最公道：保证物超所值

■VIP超值优惠表

<table>
<tr><th rowspan="4">项次</th><th rowspan="4">项目</th><th colspan="5">VIP客户类别</th><th rowspan="4">备注</th></tr>
<tr><th>福卡贵宾</th><th>A卡贵宾</th><th>B卡贵宾</th><th>C卡贵宾</th><th>D卡贵宾</th></tr>
<tr><th>80000元</th><th>42000元</th><th>35000元</th><th>28000元</th><th>15000元</th></tr>
<tr><th colspan="5">有效期24个月</th></tr>
<tr><td>1</td><td>参加福友公开课程</td><td rowspan="2">5.0折</td><td rowspan="2">5.5折</td><td rowspan="2">6.0折</td><td rowspan="2">6.5折</td><td rowspan="2">6.8折</td><td rowspan="3">此三项消费费用依不同卡别折扣后从会员费中扣除即可</td></tr>
<tr><td>2</td><td>购买福友企管书系／标语</td></tr>
<tr><td>3</td><td>参加福友各阶训练营(限学费)</td><td>6.5折</td><td>7.5折</td><td>8.0折</td><td>8.5折</td><td>9.0折</td></tr>
<tr><td>4</td><td>企业内训</td><td colspan="5">9折</td><td>此消费可从福卡中扣，其它卡另外付</td></tr>
<tr><td>5</td><td>企业辅导、企业诊断、常年顾问</td><td colspan="5">9.5折</td><td>此项消费费用另外给付</td></tr>
<tr><td rowspan="6">6
免费赠送项目</td><td>赠送福友企管书系（等额书籍可任选）</td><td>1000</td><td>500</td><td>500</td><td>300</td><td>300</td><td rowspan="6">完全免费</td></tr>
<tr><td>赠送训练营名额1人次(各阶训练营可任选)(限学费)</td><td>√</td><td>不享受</td><td>不享受</td><td>不享受</td><td>不享受</td></tr>
<tr><td>高级顾问师免费到企业诊断一天，诊断完毕后将提供书面诊断报告给企业(价值6000元以上)</td><td>√</td><td>√</td><td>不享受</td><td>不享受</td><td>不享受</td></tr>
<tr><td>免费参加福友举办年度总经理论坛(各区举办)</td><td>√</td><td>√</td><td>√</td><td>√</td><td>√</td></tr>
<tr><td>赠送《福友顾问》期刊</td><td>√</td><td>√</td><td>√</td><td>√</td><td>√</td></tr>
<tr><td>训练营训后咨询及改善交流会</td><td>√</td><td>√</td><td>√</td><td>√</td><td>√</td></tr>
</table>

献给站着睡觉的人

企管研习会

■ **定点定期：**

※深圳、广州、厦门、泉州、福州、杭州、宁波、台州、苏州、无锡、常州、青岛、烟台等城市(其他城市视需求开办)。

※每月全国举办次数不低于8场，VIP会员可自由选择上课地点。

■ **名师汇聚：**

※两岸众多知名的企管专业讲师。

■ **讲座课题：**

项目	序号	课程	名称
经营管理	01	企业策略规划的展开与整合	12H
	02	中层主管技能与执行力提升训练	12H
	03	企业运作与管理整合	12H
	04	中国式管理	12H
	05	中层主管管理提升训练	12H
	06	一个领导者的角色认知与管理思维	12H
人力资源管理	01	如何选人、用人、育人、留人	12H
	02	选才与面谈技巧	12H
	03	人力资源主管精修班	12H
	04	卓越的团队管理技巧	12H
	05	企业内部讲师培训(TTT)	12H
	06	薪酬设计与绩效考核	12H
	07	目标管理与绩效考核	12H
	08	非人力资源部门的人力资源管理	12H
生产管理	01	现场管理实务	12H
	02	如何成为出色的生产主管	12H
	03	生产计划与交期管理	12H
	04	5S精益现场管理	12H
	05	生产绩效管理	12H
	06	杰出班组长训练	12H
	07	如何降低生产成本	12H
	08	现场一线主管技能训练	12H
	09	标准工时制定与工作改善	12H
	10	JIT精益生产管理实务	12H
	11	科学三大工具－IE手法提升效率	12H
	12	TPM全面设备管理	12H
	13	如何从技术走向管理之路	12H

项目	序号	课程	名称
品质管理	01	如何做好现场品质管理	12H
	02	QC手法运用	12H
	03	统计制程管制SPC教育训练	12H
	04	TQM全面品质管理	12H
	05	数据与图表的建立与应用	12H
	06	FMEA失效模式与效果分析	12H
	07	QCC品管圈推动实务	12H
	08	TS16949训练	12H
采购与物料管理	01	采购管理实务	12H
	02	采购成本分析与降低策略	12H
	03	采购与供应商的双赢策略	12H
	04	高效的制造业物料与仓储管理	12H
	05	供应商的评估与采购管理	12H
销售管理	01	如何成为杰出业务主管	12H
	02	门市、卖场销售技巧	12H
	03	市场开发与销售技巧	12H
	04	有效的客户关系管理	12H
	05	客诉的应对与有效处理	12H
	06	销售通路、经销商管理	12H
	07	开发潜在客户的技巧	12H
	08	销售战术激发与活用	12H
	09	业务谈判策略与说服顾客之技巧	12H
财务管理	01	经营计划与预算管理	12H
	02	内部稽核与内部控制	12H
其他	01	商务礼仪	12H
	02	高效沟通与团队共赢	12H
	03	如何发现、分析、解决问题	12H
	04	时间管理	12H
	05	研发管理研习会	12H

※ **每期课程简章备索**

献给站着睡觉的人

企业内训

☺ 为什么沟通不良？

因为没有培训，缺乏共识。

☺ 为什么绩效不彰？

因为没有培训，方法不好。

一将难求，所有企业都同意“找人才比找客户还要难”，成功的企业也同意“找人才不如自己**造人才**”。尊敬的总经理，请把培养人才的任务交给“**福友**”，让我们帮您出色完成。

项目	序号	课程名称	课时
领导统御	01	卓越的团队领导技巧	7H
	02	中层主管技能与执行力提升训练	14H
	03	中基层管理干部管理技能强化训练	14H
	04	一个领导者的角色认知与管理思维	7-14H
	05	企业标准化的建立与推行	7-14H
	06	杰出班组长特训	14H
	07	MTP 管理训练课程	14-42H
	08	TWI 基层干部管理训练	14-42H
	09	如何做一名成功主管	14H
	10	沟通技巧与激励技术	14H
	11	项目管理基础与实践	14H
	12	时间管理	14H
	13	沟通技巧与团队建设	14H
	14	问题分析与解决技巧	14H
人力资源管理	01	如何选人、用人、育人、留人	14H
	02	如何制定薪资与考核制度	14H
	03	选才与面谈技巧	14H
	04	如何进行绩效考核评估	14H
	05	平衡计分卡与绩效展开	14H
	06	目标管理与绩效考核	14H
	07	企业内部讲师培训	14H
	08	直接主管的人力资源管理	14H
行销财务	01	销售主管精修班	14H
	02	销售通路、经销商管理	14H
	03	市场开发与销售技巧	14H
	04	有效的客户关系管理	14H
	05	客户投诉的有效处理	
	06	业务谈判策略与说服顾客之技巧	14H
	07	经营计划与预算管理	14H
	08	成本管理与预算控制	14H
	09	内部稽核与内部控制	14H
	10	非财务主管的财务管理	14H
其他	01	职场礼仪	7-14H
	02	福友企管各阶主管训练营	

项目	序号	课程名称	课时
生产管理	01	生产计划与交期管理	14H
	02	问题意识与工作改善	14H
	03	PAC 生产绩效分析与改善	14H
	04	如何做好生产绩效管理	14H
	05	现场管理实务	14H
	06	生产问题分析与对策	14H
	07	现场一线主管技能训练	14H
	08	如何成为出色的生产主管	14H
	09	如何降低生产成本	14H
	10	降低成本与工作改善	14H
	11	IE 与现场改善	14H
	12	如何运用 IE 手法提高效率	7-14H
	13	标准工时制定与工作改善	7-14H
	14	精益生产(JIT)	14H
	15	NPS 革新生产方式训练	14H
	16	TPM（全面设备保全管理）	14H
	17	价值工程分析(VA/VE)	14H
物料管理	01	物料管理的问题与对策	14H
	02	物料控制与仓储管理	14H
	03	有效的供应商管理	14H
	04	物料与采购管理作业电脑化(MRP)	14H
	05	MRP 导向的物料管理实务	14H
	06	采购管理实务	14H
	07	采购谈判技巧	14H
	08	采购管理与供应商评估	7-14H
品质管理	01	如何推行 5S 活动	7H
	02	数据与图表的建立与运用	7H
	03	如何做好现场品质管理	14H
	04	现场主管如何做好制程质量管理	14H
	05	如何运用 QC 手法提升品质	7H
	06	如何推行 QCC 活动	14H
	07	SPC 统计制程管制	14-42H
	08	FMEA 失效模式与效应分析	14H
	09	全面品质管理(TQM)	14H
	10	研发品质管理	7-14H
	11	6 个标准差(6σ)	14H

企业辅导

1．足迹遍布

成功辅导过的企业东北至哈尔滨，西北至乌鲁木齐，足迹遍布中国大陆。

2．团队专精

- 所有企业辅导顾问师均为福友专职顾问师，均具有生产型企业十至三十年的中高阶实务管理经验；
- 经过福友十四年的优化过程，福友的顾问老师已大部分是各专业领域一流的专家；
- 最强大的辅导团队，采用团队专案小组辅导，为企业提供最佳解决方案。

■ **辅导项目：**

① 经营管理系统

- 组织绩效诊断与提升：8个月
- 企业经营管理分析与整合：8个月
- 业务流程改进（BPI）：8个月
- 目标管理（MBO）：6个月
- SCM供应链管理系统：8个月
- 市场营销系统规划与训练：4个月

② 组织人事系统

- 组织规划设计：4个月
- 薪资与绩效考核体系：4个月
- 企业教育训练规划：3个月
- 组织人事系统：6个月

③ 生产管理系统

- 5S活动专案：4个月
- 生产管理系统：6个月
- IE工作改善：6个月
- TPM（全面设备保全管理）：4个月
- 生产绩效管理：6个月
- （丰田生产方式）TPS：6~12个月
- 精益生产方式（JIT）：6~12个月

④ 物料管理系统

- 仓储管理系统：4个月
- 物料管理系统：6个月
- 供应商管理系统：4个月
- 物料需求规划MRP导入：6个月

⑤ 品质管理系统

- 品质检验制度设计与运用：4个月
- QC手法运用：4个月
- FMEA失效模式与效应分析：6个月
- SPC统计技术运用：6个月
- 如何推行QCC活动：4个月
- 品质管理系统：8个月

⑥ 研发管理系统

- 研发管理系统（研发管理工具运用）：6个月

■ **企业辅导流程：**

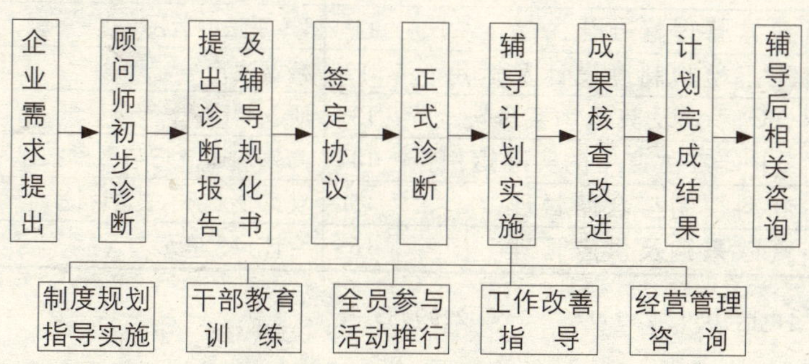

中阶主管系统训练营

全方位打造企业大将

■ 制造业中阶主管系统管理训练营（虎啸营）

- 21世纪，“中国制造”无疑将影响整个世界！
- 21世纪，中国制造业必将面临惨烈的竞争，优存劣汰！
- 21世纪，中国制造业最缺的是什么？优秀的中阶主管！

缺工日益严重，成本节节升高，这是每家企业必须面临的考验。企业生存与发展之道，唯有提升管理，应用科学管理工具来降低成本、提升品级，确保企业的健康发展。

中阶主管（厂长、经理）在企业中扮演著承上启下的角色，中阶主管的管理素质标志著企业执行力的高低。

尊敬的总经理，“找人才不如自己造人才”，请把培养企业大将的任务交给“福友”，让我们帮您出色的完成，为企业打天下！

■ 课程单元

单元	课　程	单元	课　程
1	中层主管的人力资源管理	9	5S与目视化管理
2	目标管理	10	生产计划与交期管理
3	日常管理标准化	11	IE手法的运用
4	工厂检验制度设计及运用	12	精益生产
5	QC手法及其运用实务	13	研发管理
6	SPC在生产中的实际运用	14	高效沟通技巧与激励技术
7	物料控制与仓储管理	15	观摩企业＋主题讨论
8	高效采购及供应管理	16	合计:15单元

※ **服务电话**:0592-2396973　0592-2299953

基层主管系统训练营

■ 制造业基层主管系统管理训练营(小虎营)

中国制造业面临日益严重的缺工缺干，相当多的企业困境已现，企业要脱困，势必要**"下定决心"**进行管理变革！

商机要争取时间，管理变革当然也要走在竞争者前面，路途远，时间长，很忙……只要您**"下定决心"**，福友可以早一点帮您脱离困境。

本训练的使命：

- ◆ 为中小型企业强化现任基层主管的管理基础
- ◆ 为中大型企业储备准备基层主管的人才

■ 课程单元

单元	课　程	课 时
1	管理的基础	3.5H
2	管理者的角色认知	3.5H
3	生产管理的问题与对策	7H
4	如何对部属进行工作教导	7H
5	现场品质管理的问题与对策	7H
6	如何推行5S	7H
7	沟通技巧与激励技术	7H

※ **服务电话**:0592-2396973　0592-2299953

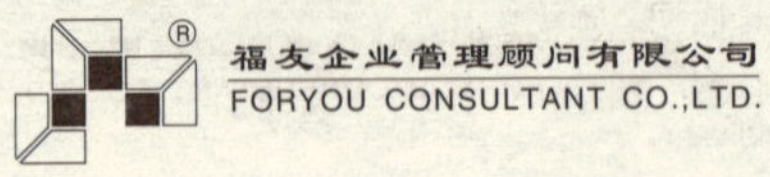

IE 专修班

■ 全面打造卓越的IE工程师

工业工程(Industrial Engineer)简称IE，是专门为**提高生产效率和经济效益**，把技术与管理有机结合起来的学科。工业工程（IE）在工业发达国家、地区（如美国、德国、日本、台湾等）已有几十年的历史，并得到普遍的应用。是制造业公认**省人化、省时化、最有效**的科学管理工具。

当前大陆劳动力**日益短缺，劳动成本节节攀升，**急需将以往**"人海战术"**的**赶量**文化，转型为**精简**劳动力的**效率**文化，IE 工业工程的导入及IE 人才的培养，对国内的企业来说管理的转型、升级，无疑是最为迫切的事。

福友企管秉持企业的宗旨一造福朋友，除了已发行两本IE 的专著（《IE 的运用》、《标准工时制定与工作改善》），为了协助解决国内企业IE 人才的稀缺，筹备近两年的《IE 专修班》，于2008 年7 月正式开办，全程6 日，**目的就是为国内的企业打造优秀的IE 专业人才，并为建立IE 部门打下基础。**

■ 课程内容

单元	课　程	课时
1	IE概论与标准工时制定	7H
2	标准工时制定	7H
3	IE—7大手法（上）	7H
4	IE－7大手法（下）	7H
5	PAC 生产绩效分析管理	7H
6	企业观摩与诊断	7H

※ **服务电话**:0592-2395581

福友现代实用企管书系

㊽ 生产效率的改善实务

陈进华 著

“工欲善其事，必先利其器”。本书以“效率”为中心，并以实际案例来阐述各种效率提升技法的操作步骤，帮助现场管理人员和制造工程师系统掌握现场效率分析与改善工具，全面提升生产效率！

定价：￥52 元

第一篇 企业获利方式剖析
第二篇 生产效率计算方法及影响因素分析
第三篇 生产效率改善基础
第四篇 标准工时制定
第五篇 如何通过Layout 提高生产效率
第六篇 如何通过生产线平衡提高生产效率
第七篇 如何通过人机配合改善提高生产效率
第八篇 如何通过动作改善提高生产效率
第九篇 如何通过设备管理提高生产效率
第十篇 如何通过切换改善提高生产效率
第十一篇 如何实现持续改善

㊼ 班组现场精细化管理

祖林 陈汉波 著

本书结合国内制造业现场改善面临的问题及需求，全面梳理并剖析了精益现场改善的方法、工具及技巧，为班组管理人员提供了许多“拿来即用”的改善方法、工具和技巧，操作性强。

定价：￥52 元

第一篇 精益现场管理概论
第二篇 现场 5S 改善
第三篇 现场环境改善
第四篇 现场质量改善
第五篇 生产效率改善
第六篇 现场安全改善
第七篇 降低成本改善

㊻ 不会说话别当头

祖林 著

会说话，一靠技巧，二靠个人魅力，两者都是可以通过训练获得的。本书具体地讲述了提高说话水平、改善沟通能力的具体方法和实用技巧，带领大家学习“会对话”的方式，领略“会说话”的无价效益。

定价：￥45 元

第一篇 要当头，先会听
第二篇 会说话，好当头
第三篇 “煽”动下属
第四篇 “说”动同级
第五篇 “请”动上级

㊺ 班组管理：从优秀到卓越

祖林 怀海涛 编著

本书由基础管理和管理技巧两大部分组成，系统阐述了班组管理的体系全貌和业务推进要点，提出了班组长应该具备的能力、素质以及班组管理中应该掌握的管理技能。

定价：￥55 元

第一篇 班组长的职责定位
第二篇 班组一日管理
第三篇 高效率的班前会与员工教育
第四篇 班组人员管理
第五篇 班组业绩管理
第六篇 卓越班组建设
第七篇 有效的班组沟通
第八篇 班组人际关系
第九篇 职业化工作方法
第十篇 教导下属与有效激励

㊹ 职场沟通零缺陷

张晓彤 著

定价：¥45 元

本书选取职场中常见的沟通问题，以各种情境故事，有针对性地讲解了沟通中的实战技巧和方法，让你有效揣摩，教你轻松成为沟通达人。

第一篇 “面霸”是这样练成的
第二篇 同事之间的的关系建立
第三篇 向上沟通的技巧
第四篇 机会要欲擒故纵
第五篇 薪酬何时不心愁
第六篇 通过沟通打造所向披靡的团队
第七篇 向下沟通的艺术
第八篇 管理者之间的沟通
第九篇 漫谈沟通误区

㊸ 企业财务管理实务

简泽民（台湾） 编著

定价：¥48 元

随着未来产业环境的急剧变化，企业的经营分析对信息的需求日益迫切，这种需求的满足主要依赖于财会信息。由此可见，掌握必要的财会知识，熟悉财会分析的基本方法是必不可少的。

第一篇 财会知识概论
第二篇 会计财务的处理
第三篇 成本的概念
第四篇 成本的计算
第五篇 成本的核算
第六篇 损益计算
第七篇 财会报表—经营结果的体现
第八篇 成本分析与管控改善

㊷ 现场制程品质管制实务

傅武雄（台湾） 编著

定价：¥52 元

为使企业持续成长，势必以“产品价值”的升级作为突破口。其中主要的影响要素还是在管理，其中制程品质管理又是品质管理的核心。本书直接从工艺面切入，以浅显易懂的品管方法为手段，加上有效的改善技巧，全面介绍现场制程品质管制与改善策略，易懂、易学、易操作。

第一篇 品质管理总论
第二篇 现场质量不良的原因分析与防治策略
第三篇 制程品质改善的基础
第四篇 制程改善的有效技巧
第五篇 现场品管小组活动的运用

㊶ 如何推动目标管理

黄宪仁（台湾） 编著

定价：¥48 元

目标管理的最大好处是，它使管理者能够控制他们自己的成绩。这种自我控制可以成为更强烈的动力，推动他尽最大的力量把工作做好。本书是目标管理的实用工具手册，全面帮助企业目标管理走向规范化轨道。

第一篇 目标管理的理论与概述
第二篇 目标管理制度的规划与推动
第三篇 目标体系图
第四篇 目标的设定
第五篇 目标卡
第六篇 目标的沟通
第七篇 目标的执行
第八篇 目标管理的追踪
第九篇 目标的修正
第十篇 目标管理的绩效评估
第十一篇 目标管理的绩效奖罚

㊵高效的生产绩效管理

王文信（台湾） 编著

定价：¥60元

在多批小量、短交期、高成本的竞争压力下，如何充分地运用资源，实现生产系统的量佳整体效益是企业当前最关键的课题。本书以企业如何进行生产绩效管理为主线，介绍生产绩效管理的概念、流程，剖析制造业提高生产绩效的实务方法，帮助读者全面掌握生产绩效管理的理念和实施工具。

㊴企业ERP成功之道

简泽民（台湾） 编著

定价：¥58元

历经数轮管理革新浪潮的冲刷，ERP已经成为企业的商业管理利器。本书是简泽民先生十几年来经验的总结，从管理者的角度，依对ERP系统的管理认知，以精简的理论与实务案例让企业对ERP形成一个正确的认识，提升自身的市场竞争力。

㊳员工应有的观念与态度

梁靓 编著

定价：¥45元

在这个充满竞争的社会，怎样成为老板需要的员工呢？全书不仅从管理者的角度，同时也站在员工的立场，结合发生在员工身边的案例，逐层分析，提供合理化建议，一定能让你摆脱消极怠慢的工作态度，成为老板需要的员工。

㊲新产品研发与销售

黄宪仁（台湾） 编著

定价：¥48元

对企业来说，新产品上市既代表着新的利润增长点，也存在着一定的风险。如何利用好这把双刃剑呢？本书从管理者的角度，对每个环节中所涉及到的问题进行了全面而详细的阐述，并提出相应的对策。全书条理清晰，深入浅出，定能帮助企业做好新产品研发与销售的工作，提升新产品的竞争能力。

㊱QC手法运用实务

周冰 编著

定价：¥40元

QC七大手法是制造型企业应用最广泛的利器。本书周冰先生十余年的经验及对品管工作的体悟。全书以案例诠释的方式讲解QC七大手法的基本概念、运用时机及QC手法的综合运用 QCC活动等，逻辑清晰、语言通俗、案例丰富且贴合企业，为一本不可多得的QC七大手法实用书籍。

㉟采购与供应管理

王忠宗（台湾） 编著

王忠宗教授是亚洲采购界公认的权威专家。本书即是凝练王教授多年来采购实战经验的心血之作。

全书用理论为架构，以实务案例为主体，全方位介绍如何将采购理论转化成有用的采购技能，使采购人员在整个采购流程中能以最有效率的方式完成任务，定能提升采购人员的专业知识水平和工作执行能力！

定价：￥68元

第一篇 采购的定义及方式
第二篇 采购手册的编制
第三篇 采购手册的适用范围
第四篇 采购政策
第五篇 采购制度
第六篇 采购授权
第七篇 作业流程
第八篇 采购表单
第九篇 采购部门的归属
第十篇 采购部门的建立
……
第二十六篇 供应商管理
第二十七篇 采购与各部门的协调
第二十八篇 采购稽核

㉞5S推行问题与对策

曾跃频 编著

5S容易做，却不易彻底或持久。本书即针对企业的这些“疑难杂症”，对症下药，从行动的5S、标准化的5S、预防的5S三个阶段层层深入，教导企业如何让5S实现由“形式化→行事化→习惯化”的转变，还详细阐述了在转变过程中可能存在的问题和解决对策。

定价：￥60元

第一篇 行动的5S
——让企业面貌焕然一新
第二篇 标准化的5S
——塑造企业整体的职业素养
第三篇 预防的5S
——赋予企业旺盛的生命力
第四篇 5S管理的延伸与整合

㉝企业经营分析手册

简泽民（台湾） 编著

“经营分析”对于企业来说，是一项必要的分析资料与正确的管理工具。企业要想降低成本、提高利润，就需要不时地对全盘经营管理绩效加以分析，发觉异常寻求改善，以使各项管理步入正轨。

本书融汇作者在大陆辅导的经验，贴近实际，尤其适用于纺织及服装加工企业，可作为大陆企业经营分析改善的实用工具书。

定价：￥100元

第一篇 经营分析概述
第二篇 经营分析的基础
第三篇 利润分析
第四篇 成本分析与改善
第五篇 财务分析
第六篇 投资规划分析
第七篇 经营管理评核分析
附录A 经营分析改善实例
附录B 日常经营绩效检讨报告实例

㉜采购管理

王文信（台湾） 编著

采购在企业活动中一直扮演着重要角色，如何运用管理的手段与技巧提升采购作业的效率与效果，降低企业成本、保持甚至提升竞争力，是企业重要课题之一。

本书结合众多大陆企业采购管理实例，介绍采购组织与采购制度的建立，采购计划、谈判与数量、价格管理的关系以及供应厂商的开发与管理等。为企业顺利完成采购工作助力，为培养出色采购人员加分！

定价：￥58元

第一篇 采购管理的概述
第二篇 采购组织的建立与管理
第三篇 采购制度的规划
第四篇 采购作业与管理方法
第五篇 采购计划与数量管理
第六篇 采购规范与品质管理
第七篇 供应厂商开发与管理
第八篇 采购谈判与价格管理
第九篇 采购跟催与交期管理
第十篇 采购绩效分析与改善
第十一篇 采购管理案例分析
第十二篇 采购策略与未来趋势

㉛QCC品管圈实务

钟朝嵩（台湾） 编著

QCC品管圈活动是企业员工自主自发改善工作现场的活动，是提高“人的工作价值”最有效的方法。其导入台湾已有30余年，逐步走向成熟，已成为公认的提升现场品质和效率的有效活动。本书从品管圈活动的导入和运行入手，阐述实用的统计方法，结合成功推行实例，让企业轻松学会推行品管圈活动的方法，利用有限的资源，获取最大的收益！

定价：￥40元

第一篇 品管圈活动的发展
第二篇 品管圈活动的概念
第三篇 品管圈活动的导入及运行
第四篇 品管圈活动的实施
第五篇 品管圈的基本统计方法
第六篇 历届国际品管圈成果发表会获奖案例分析与点评
第七篇 品管圈活动推行实例
附录 质量管理小组活动管理办法

献给站着睡觉的人

㉚有效的选才与面谈技巧

郑瀛川（台湾） 编著

近年来，不论企业经营环境如何变化，"选才"依然是人力资源最重要的任务。这本书便是台湾绩效管理专家郑瀛川博士为人力资源工作者及人事主管而写。

本书深入浅出，将甄选的基础、甄选工具、面谈技巧全面展开，并深入探讨"甄选面谈"的成败关键及长期以来困扰人事主管的问题。帮助企业做好人才甄选的工作，大大提升组织的竞争力。

定价：¥45元

第一篇 甄选的基本概念
第二篇 甄选的基础工程
第三篇 如何使用甄选工具
第四篇 面谈技巧
第五篇 甄选决策与发展
第六篇 附录

㉙IE的运用

福友IE研究会 编著

IE是使生产力向上的工学。IE技法还同时具备了标准化及合理化的功能，推动得好，可降低成本、提高效率、缩短交期。本书简介了古今中外IE理论精华，读者可以循序渐进地学习并掌握好IE技法的相关理论与实务，从而最终在实际工作中获得受益。

定价：¥58元

第一篇 认识IE
第二篇 IE的原点"标准工时"
第三篇 工件样品（WS）的运用
第四篇 工程分析的运用
第五篇 工厂布置（PL）的要领
第六篇 物料搬运（MH）的方法
第七篇 作业研究（OR）的运用
第八篇 成本计算
第九篇 提案改善活动
第十篇 运用价值工程（VA/VE）降低成本
第十一篇 驱动管理的两轮子QC与IE手法
第十二篇 IE的未来

㉘中小企业经营之道

傅和彦（台湾） 编著

在外有大企业压制，内有管理问题牵制的经营环境中，中小企业如何突破现状，大幅提升利润？中小企业如何稳定经营，成功迈向大企业？本书作者集30余年工商企业管理经验编写此书，站在中小企业的立场，阐述如何强化人事、财务和管理制度，加强营销活动，使企业永续经营。每一篇所附"重要提示"，更能让您快速、有效地阅读和学习，帮助中小企业不断迈向繁荣！

定价：¥40元

第一篇 中小企业的本质
第二篇 竞争激烈的企业外部环境
第三篇 危机四伏的内在经营困境
第四篇 知人用人的事管理
第五篇 管理制度的建立与实施
第六篇 增强财务会计与资金调度
第七篇 加强营销活动
第八篇 提高生产活动的效率
第九篇 中小企业迈向大企业的途径
第十篇 有效利用经营管理顾问
第十一篇 中小企业管理研究报告
第十二篇 两岸中小企业未来探讨文粹
附录 中华人民共和国中小企业促进法

㉗TQM全面品质管理

钟朝嵩（台湾） 编著

TQM强调全员协力合作，不只要做好制品的品质，并且对全公司有关工作的品质、工程、业务、服务的品质都要有效地加以管理。本书从"TQM本质"、"TQM的部门别管理"、"TQM运营"及"TQM的实施要点"等方面逐层深入，以可操作性的图表和翔实的事例，让读者轻松掌握实施TQM的方法，帮助企业早日突破困境、提高经营绩效。

定价：¥36元

第一篇 TQM的概念
第二篇 TQM的本质
第三篇 TQM的部门别管理
第四篇 TQM运营
第五篇 TQM实施要点
第六篇 TQM专论
第七篇 附录

㉖仓储管理

王文信（台湾） 编著

本书继承了王文信先生一贯重在实务性，可操作性的风格：以大量的案例、图表介绍仓储管理的库房规划、进料验收、领发料、存货、盘点、呆废料管理等全部内容，预测了仓储管理的未来发展趋势，易懂易学易操作；更难得是以专篇案例介绍仓储管理绩效管理、制度规划与设计，令仓储管理者可以按表操作，轻松规范管理，为生产、品质、安全、人力、成本管理加分。

定价：¥55元

第一篇 仓储管理概述
第二篇 仓储规划与库房管理
第三篇 验收管理
第四篇 领发退料管理
第五篇 存货管理
第六篇 盘点管理
第七篇 呆废料管理
第八篇 仓储管理制度规划与推动之实例分析
第九篇 仓储管理电脑化
第十篇 仓储绩效管理
第十一篇 仓储管理的发展趋势

献给站着睡觉的人

福友企业管理顾问有限公司
FORYOU CONSULTANT CO.,LTD.

㉕ 绩效评估兵法

郑瀛川（台湾） 编著

主管们如何做好绩效面谈？怎样使用正面与负面的会谈技巧，使上司与部属得到双赢？本书介绍了成功企业常用的“平衡计分卡”、“360°回馈”、“目标管理制度”等方法，深入介绍绩效评估的规划、执行与应用要领，辅以流程、图表及专篇范例说明，读者能轻松掌握绩效评估的操作技巧，充分发挥绩效管理效能。

定价：￥42元

第一篇 绩效评估与经营管理
第二篇 绩效评估与绩效管理
第三篇 企业常用的绩效评估方法
第四篇 绩效评估的规划与执行
第五篇 绩效评估的应用要领
第六篇 绩效评估的重要手段——绩效面谈
第七篇 绩效评估的运用范例

㉔ 生产计划与管制

傅和彦（台湾） 编著

本书是一本理论与实务兼顾、实用且富有启发性、可操作性的工厂实务指导用书，尤其是“企业所面临的问题”、“经营计划”、“年度计划”、“计划评核术”、“迈向合理化的事务改善”、“工厂的品质管制”等章节都是同类书籍中所未有，是一本非常适合企业作为训练员工及生产计划与管制工作者们的重要参考用书。

定价：￥55元

第一篇 生产与生产管理
第二篇 生产组织
第三篇 经营计划
第四篇 预测
第五篇 年度计划
第六篇 生产计划
……
第十四篇 计划评核术
第十五篇 迈向合理化的事务改善
第十六篇 存量管制
第十七篇 价值分析
第十八篇 产品研发
第十九篇 各种生产管理方式的比较

㉓ 实用品质管理

钟朝嵩（台湾） 编著

“企业的竞争力在于品质的竞争力”，这一理念越来越为广大制造业管理者所认同，如何做好品质管理却是企业人尤其是中基层管理干部的难题，本书以数理统计为基础，以统计方法为核心，辅助以大量实用技巧，令读者能够学以致用，对品质管理运用自如，得心应手。

定价：￥35元

第一篇 概论
第二篇 统计的技术
第三篇 QC七大手法
第四篇 管制图的种类及应用方法
第五篇 抽样检验
第六篇 新QC七大手法
第七篇 品质管理实施办法

㉒ 现代物料管理

傅和彦（台湾） 编著

物料成本往往占制造业总成本的50%以上，其重要性不言而喻。福友特邀有着30余年工商企业管理经验的傅和彦先生整理修订所累积的经验知识，并融合现代物料管理的技法，编写成《现代物料管理》，内容涵盖物料管理各个层面，更重点介绍如何进行物料管理绩效评核，读者也可结合《制造业物料管理》仔细阅读，定能有助于降低物管成本、使生产作业流程顺畅。

定价：￥52元

第一篇 导论
第二篇 物料分类与编号
第三篇 物料计划
第四篇 存量管制
第五篇 存量管制系统
第六篇 物料需求计划
第七篇 采购管理
第八篇 验收管理
……
第十三篇 物料管理绩效评核
第十四篇 物料管理电脑化
第十五篇 物料管理的发展趋势

㉑ 品质管制大全

钟朝嵩（台湾） 编著

世界需要中国制造，中国制造需要中国品质！

本书为钟朝嵩教授毕生实战经验整理而成的呕心沥血之作，自1974年台湾初版以来，历经多次改版、增修订，迄今为止已加印38刷，常年畅销于台湾、新加坡、泰国、菲律宾、马来西亚等地，发行销量逾40万册，堪称东南亚地区之“品质管理宝典”。

定价：￥80元

第一篇 基本统计方法
第二篇 管制图
第三篇 抽样检验
第四篇 品管实施方法

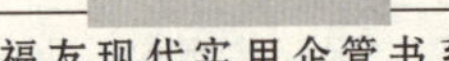

献给站着睡觉的人

⑳ 工厂管理

傅和彦（台湾）　编著

定价：¥46 元

工厂即产品制造场所，工厂管理即将各种有效资源导入制造场所，凭借计划、组织、人事、指导控制等活动，达成生产目标的管理工作。作者傅和彦先生有着 30 余年工商管理经验，本书定位广大制造业工厂管理干部，以理论与实务结合论述，可操作性极强。

第一篇　导论
第二篇　工厂组织
第三篇　工厂布置
第四篇　物料搬运
第五篇　产品研究与发展
第六篇　预测
第七篇　生产管理
第八篇　物料管理
第九篇　存量管制
第十篇　工作研究
第十一篇　资料筹集、整理与分析
第十二篇　品质管制
第十三篇　成本分析与控制
第十四篇　人事管理
第十五篇　工业安全概论
第十六篇　工业卫生概论

⑲ 高阶主管经营训练

黎守明（台湾）　编著

定价：¥39 元

国内企业高阶管理者忙忙碌碌，常常大大小小工作一把抓，疲于奔命却绩效不彰。本书即为企业高阶管理者或有志于此的管理者所编，揭示了高阶主管人员必备的 Know-how、工作重点及任务所在，以及如何树立及发挥好高阶管理人员的领导魅力等，

第一篇　经营者
第二篇　目标篇
第三篇　策略篇
第四篇　自我革新篇
第五篇　影响力篇
第六篇　自我查检篇

⑱ 中阶主管管理训练

黎守明（台湾）　编著

定价：¥39 元

“训练最大的目的在于行动，不在知识。”这就意味着教训训练的实施者必须具备丰富的实务经验，其所持有的教材也应为其常年从事实务管理工作案例的系统累积，如此才能现身说法，授予前来接受培训的企业人所真正想要的实务操作指南。有着丰富实战经验的黎守明先生所编写的本书，可谓设想企业人所想、施教企业人所欲，定能让中阶管理者在实际管理工作中亲身体验到管理发挥的价值，从而对管理工作产生自信，达到训练自我的目的。

第一篇　New Management Way
第二篇　完成年度工作计划
第三篇　执行您的计划
第四篇　管制部门的执行活动
第五篇　修正您的计划、标准
第六篇　部门的自我超越
第七篇　经营您自己

⑰ 国际行销

吴景胜（台湾）　编著

定价：¥68 元

全球经济国际化的趋势下，“国际行销”的实战技巧也日趋为企业管理者所重视。

台湾知名国际行销领域研习与实战专家吴景胜老师为大陆广大读者奉上此本案例丰富、适用本土企业、且国际观念角度齐备的《国际行销》，本书的四项特色令其具备了极优的可读性、实战性及操作性。

第一篇　导论
第二篇　国际行销策略
第三篇　多国企业与国际行销
第四篇　各国市场与国际行销

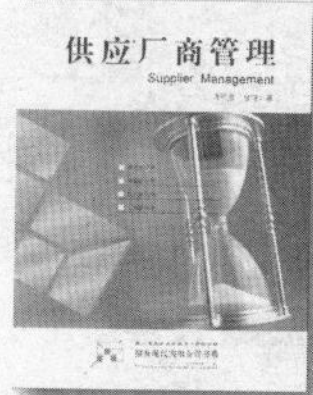

⑯ 供应厂商管理

傅和彦（台湾）　编著

定价：¥45 元

朝着世界工厂迈进的中国，制造业工厂正处在一个生产量迅速扩张的时期，技术日益精进、制品益形复杂，所需的物料、零件若要在本厂内生产，将产生诸多困扰，因而势必需要借重于供应厂商的力量。如何有效利用供应厂商生产出品质更佳、成本更低、交期更准的制品，直接影响到企业的经营绩效，更影响到企业在激烈残酷的市场竞争中的地位。

第 一 篇　外包与供应厂商
第 二 篇　供应厂商的功能与外包方针
第 三 篇　厂内自制与外包判定
第 四 篇　外包计划
第 五 篇　供应厂商的选择
第 六 篇　发包工作管理
第 七 篇　外包行为的品质要求
第 八 篇　外包价格的协商
第 九 篇　外包验收管理
第 十 篇　供应厂商的考核
第十一篇　供应厂商的辅导与扶持

⑮ 经营计划与预算管理

王忠宗（台湾） 编著

透过预算产生出许多宝贵的数据资料是企业管理者可以用于提升企业经营绩效的重要参考依据。也即预算的真谛在于对影响企业盈亏的重要收支项目做好事前规划，以利于事后控制，而不在于会计科目的帐务处理及资产负债表或损益表之编制。

定价：￥45元

第一篇 年度经营计划的重要性
第二篇 目标→工作计划→预算
第三篇 预算作业流程与管理
第四篇 预算编制准则与科目说明
第五篇 预算审查、检讨与评估
第六篇 销货收入预算的规划与控制
第七篇 人事费用的规划与控制
第八篇 采购预算的规划与控制
第九篇 资本支出预算的规划与控制
第十篇 研发费用的规划与控制
第十一篇 研发费用的规划与控制
第十二篇 管理及财务费用的规划与控制
第十三篇 结语

⑭ 经营分析与企业诊断

刘平文（台湾） 编著

现代管理者需要面对企业之环境面、策略面、组织面、意识面、行为面与方法面等不同层面之决策事宜，因而常常需要对自己的企业经营管理之现况进行诊断，提升企业经营管理之系统观。作者刘平文先生多年来一直从事于经营管理、企业辅导服务等实务工作，累积了极其丰富、深厚的实务经验，本书探讨范围与层面涉及甚广，定能帮助管理者对企业有更好的认知与掌握。

定价：￥120元

第一篇 观念篇
第二篇 分析篇
第三篇 诊断篇
第四篇 整合篇

⑬ SPC统计制程管制

官生平（台湾） 编著

“品质管理能力”是企业管理动力中的核心部分！也即成为提升大陆企业竞争力的重要课题。

“SPC¡”统计制程管制”是品管工作中重要的一项。本书为有着20余年推广应用经验的“SPC”权威、台湾品管协会理事官升平老师的呕心沥血之作，更是极具专业学习参考价值及实务指导意义的好书！

定价：￥160元

第一篇 统计制程管制SPC导入
第二篇 变异的本质
第三篇 基本统计
第四篇 管制图的原理
第五篇 计量值管制图
第六篇 计数值管制图
第七篇 量测系统分析
第八篇 制程能力研究
第九篇 6σ改善活动
第十篇 简易DOE
附录

⑫ 标准工时制定与工作改善

傅武雄（台湾） 编著

作者傅武雄先生从事“工作研究与IE改善”的工厂管理及顾问辅导工作达32年之久，本书是专为工厂主管与工艺工程人员撰写的，直接从工艺面切入，以车间工作方法改善手段为例，阐析了标准工时测定与工作改善的多种实务方法。

定价：￥58元

第一篇 标准工时概论与应用
第二篇 运用马表测时法订定标准工时
第三篇 预定动作时间标准法的运用
第四篇 运用综合数据法订定标准工时
第五篇 运用工作抽查法订定标准工时
第六篇 标准工时在管理上的应用关键
第七篇 工作改善的方向与科学化理念
第八篇 运用程序分析与搬运分析进行有效改善
第九篇 作业域内的改善技巧
第十篇 运用工作抽样法进行工作改善

⑪ 生产计划管理实务

王文信（台湾） 编著

本书以制造业的生产管理活动为叙述重点，从生产管理层面入手，剖析制造业提高生产绩效的实务方法，有系统地介绍生产计划与管理实务，无论是对传统式做法的精华还是对最新生产管理的技法，都有深入浅出的探讨。

定价：￥75元

第一篇 产业剖析与手法导入
第二篇 实务方法与管理运作
第三篇 制度设计与诊断评估
第四篇 生产策略与未来发展

⑩制造业物料管理实务

定价：¥75元

傅武雄(台湾) 编著

企业物料管理制度化、电脑化导入实务宝典！傅武雄先生(台湾)逾二十年的经验与心得融入，以深入浅出的方式将物料管理方法与实务技巧加以阐述，将有助于企业在激烈竞争的环境中赢取竞争优势。

第一篇 物料管理总论
第二篇 做好计划层面的物料管理
第三篇 MRP 的架构与实务
第四篇 执行层面的物料管理
第五篇 物料管理辅助篇

⑨现场管理实务

定价：¥65元

韩展初 编著

本书以管理的六大目标为主线，将管理者如何充分运用组织的有效资源，达成组织目标的方法、技巧汇集成有系统的资料，将给中基层企业管理干部的实务工作、培训指导提供有益参考。

第一篇 管理总论
第二篇 管理的核心——人
第三篇 营造高昂士气的团队
第四篇 如何提高产量、提升效率
第五篇 生产计划与交期管理
第六篇 降低成本与工作改善
第七篇 如何管理品质
第八篇 工业安全管理
第九篇 如何成为出色的现场管理者

⑧降低成本新利器

(Tear Down 技法)

定价：¥56元

佐腾嘉彦 编著

Tear Down 是以降低成本为宗旨，以分解调查竞争对手为手法的技法。佐腾先生逾25年的操作经验累积的本书定能帮助企管人士提高工作附加价值，衍生新创意，提高产品竞争力，令企业在激烈的市场竞争中立于不败之地。

第一篇 Tear Down Method 的概念与缘起
第二篇 分解的进行方法
第三篇 主题别分解的实践
第四篇 利用分解之价值评价的进行方法
第五篇 分解的应用技术
总 结 分解的成功要点
结 语
附 录 作业表单(Work Sheet)的使用法

⑦企业管理制度精选

(共两册)

定价：¥580元

福友企管书系编委会

本公司顾问师常年在国内辅导、顾问经验大公开！

去芜存菁，结合国内实际情况设计，若企业在管理制度建设方面能参照本书，并根据自身情况适度调整使用，定能大有裨益。

第一篇 人事管理
第二篇 行政事务管理
第三篇 财务会计管理
第四篇 营销业务管理
第五篇 生产管理
第六篇 物料管理
第七篇 采购管理
第八篇 品质管理

⑥如何选人用人育人留人

定价：¥68元

林荣瑞 编著

品质是企业的生命，人则是企业最重要的资产。本书针对国内企业人力资源管理薄弱之现状，以作者多年累积的实务经验，深入地进行案例分析探讨，协助您做好人才的培养与发展工作。

第一篇 人力资源管理与竞争优势
第二篇 如何甄选人才
第三篇 用人的艺术
第四篇 人才的育成
第五篇 企业如何留才
第六篇 人力资源管理与企业文化
(另售 VCD 教学光盘)

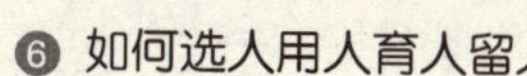

⑤ 如何推行5S

孙少雄　编著

5S——"医治"工厂疑难杂症之良药。本书以实用的对比图片做诠释，全面系统地论述5S活动，帮助业界朋友在5S专案活动中以最简单的途径，取得最有效的成果。

定价：¥52 元

第一篇	引言
第二篇	5S 的解析
第三篇	5S 推行要领
第四篇	推行步骤
第五篇	配合 5S 活动之管理技巧
第六篇	推行 5S 活动成功与失败的注意事项
第七篇	5S 的延伸
第八篇	推行 5S 的好处
第九篇	5S 活动宣传案例
第十篇	品质文化

④ 企业管理表格精选

福友企管书系编委会

本公司顾问群汇编多年来从事企管、辅导方面所运用的经典成功表格，并对每一表格的流程及使用方法做了详尽说明，易于理解，使用方便。

定价：¥348 元

第一篇	人事行政事务管理
第二篇	会计财务管理
第三篇	营销业务管理
第四篇	生产管理
第五篇	物料管理
第六篇	品质管理
第七篇	目视管理

（附 CD-ROM 光盘）

③ 漫画管理禅

叶香　编著

由当今国内外管理高手之管理理念与成功的经验所提炼升华的管理禅语，能使您茅塞顿开。发人深省的故事情节，生动有趣的漫画将使您领悟追求成功的乐趣。

定价：¥36 元

第一篇	成功篇
第二篇	领导统御篇
第三篇	人力资源篇
第四篇	沟通与激励篇
第五篇	箴言篇
第六篇	醒世篇

② 品质管理

林荣瑞　编著

"品质"是企业的生命，更是企业未来的决战场。本书使人们在品质的观念与技法上获得了质的突破：不仅谈统计技术，更重实地操作，定能让全厂上下都成为品质高手。

定价：¥56 元

第一篇	认识品质管制
第二篇	品管应用手法
第三篇	工厂检验制度设计与应用
第四篇	全员参与 全员改善
第五篇	品质管制教育
第六篇	服务业的品管
第七篇	品质管制制度评鉴

① 管理技术

林荣瑞　编著

此书融合了美国、日本、台湾及大陆的管理精华，一改大陆管理书籍普遍过于强调理论性的缺陷，注重适用性及可操作性。被许多管理人员视为工作的"宝典"。

定价：¥78 元

第一篇	企业经营与竞争策略
第二篇	组织原理
第三篇	人事政策与报酬制度
第四篇	工厂布置
第五篇	整理整顿与5S 活动
第六篇	机器保养与工业安全
第七篇	企业骨干——管理者
第八篇	管理技术
第九篇	工业工程与现场改善
第十篇	生产计划与进度控制
第十一篇	物料管理与采购作业
第十二篇	事务管理与联系管理

献给站着睡觉的人

精美海报标语系列

★使您的工作场所更美化、让您的团队更具拼搏力！

★五个系列/套，共28张

定价：250元

安全卫生系列

◆ 一人一份心
安全有信心

◆ 工作为了生活好
安全为了活到老

……

生产力系列

◆ 你思考　我动脑
产量提升难不倒

◆ 想一想
一定还有更好的办法

……

品质系列

◆ 品质意识加强早
明天一定会更好

◆ 品质你我都做好
顾客留住不会跑

……

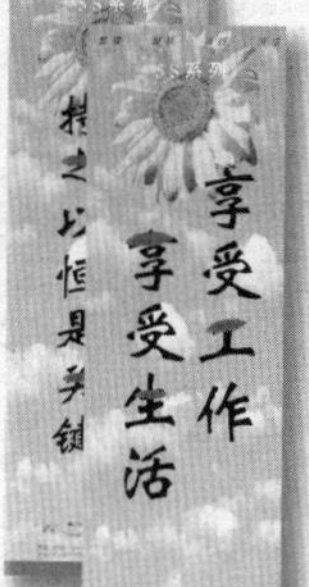

5S 系列

◆ 工作效率想提高
整理　整顿先做好

◆ 5S 效果看得见
持之以恒是关键

……

ISO 系列

◆ 实施成果要展现
持之以恒是关键

◆ 宁可因高目标而脖子硬
也不要为低目标而驼背

……

(实际尺寸：28 cm×87 cm)

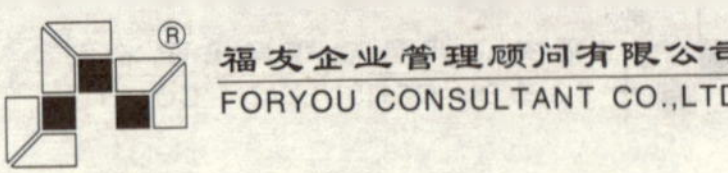

福友现代实用商战系列

本丛书荣膺2004年
全国优秀引进版图书奖

② 蓝彻斯特战略　定价：￥286元/套

矢野新一（日本）著

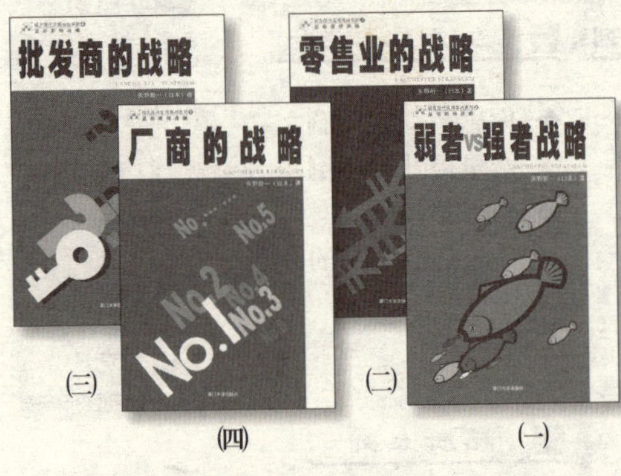

（三）（四）（二）（一）

企业成为No.1的策略!

面对经营环境越来越诡谲多变、越来越激烈残酷，企业不仅要更加注重运用策略战略，更应将自己企业的策略、战略定位在能够使自己成为行业中的"No.1"，即"No.1"战略(策略)!

只有赢取绝对"No.1"的竞争优势，才可彻底避免与同业惨烈厮杀、甚至被淘汰的命运，成就霸业并确保基业常青!

为帮助广大企业早日成功，福友有幸引进被誉为"No.1战略"的《蓝彻斯特战略》!之所以被誉为"No.1战略"，是因为蓝彻斯特战略体系自始至终贯穿两个精髓：

- ◆ No.1主义!
- ◆ 成为No.1，弱者VS强者的战略!

本套《蓝彻斯特战略丛书》（4个系列/套，共10册）

第一系列：《弱者VS强者的战略》（上、中、下，共3册）
第二系列：《零售业的战略》（上、下，共2册）
第三系列：《批发商的战略》（上、下，共2册）
第四系列：《厂商的战略》（上、中、下，共3册）

① 企业行销顾问　定价：￥40元

黄宪仁（台湾）著

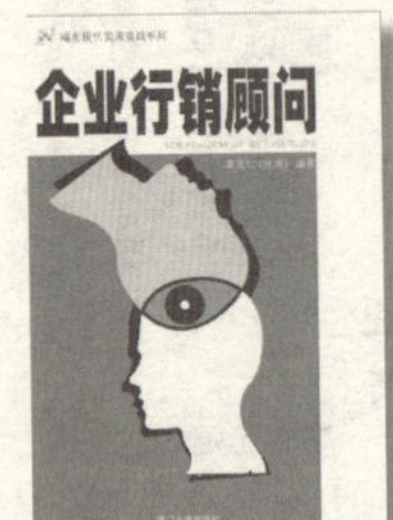

"他山之石，可以攻玉!"

商业行销领域的图书虽然是汗牛充栋，但是多为观念性说教或三招两式的片段教学，整体性、系统性、实战性的书系是凤毛麟角。

本书着重于从商业行销通路整体体系来把脉，更是作者任顾问师辅导企业多年，见诸各专业报纸杂志心血之作的汇编，书中案例均为企业界万金难求的丰厚经验，"他山之石，可以攻玉"，对企业的经营必有所助益!

第一篇　行销经营策略篇
一　企业的成长策略
二　找出企业成功的关键因素
……
第二篇　行销运作实务篇
一　成功市场规范
二　高效促销手法
……
第三篇　行销部门管理篇
一　要重视"年度经营计划"
二　训练很贵，不训练更贵
……
第四篇　经营管理篇
一　账面有利润，最后却倒闭
二　举债经营发挥财务杠杆效益
……

书友反馈卡

亲爱的读者：

感谢您对福友现代企管、商战书系的支持！

福友企管顾问公司经营理念：简单、直接、有效。福友企管书系也以同样的风格获得全国企业界的肯定，为了让我们一起更进步，请您填好下面的资料，并反馈给我们。您的资料将被妥善保存在福友客户资料库中。

您将会得到：

- 新出版物及企管课程信息。
- 购买福友书系及参加企管课程享受 9 折优惠。

1. 姓　　名：________ 性　别：□男 □女 会员卡号：________

电　　话：________ 传　真：________ 邮政编码：________

单位全称：________ 服务部门／职务：________

通讯地址：________

E-mail：________

2. 您阅读这本书的书名是：

□ 班组现场精细化管理
□ 职场沟通零缺陷
□ 如何推动目标管理
□ 员工应有的观念与态度
□ 采购与供应管理
□ 采购管理
□ IE 的运用
□ 仓储管理
□ 实用品质管理
□ 工厂管理
□ 国际行销
□ 经营分析与企业诊断
□ 标准工时制定与工作改善
□ 降低成本新利器
□ 如何推行 5S
□ 品质管理

蓝彻斯特战略系列

□ 生产效率改善实务
□ 不会说话别当头
□ 企业财务管理实务
□ 高效的生产绩效管理
□ 新产品研发与销售
□ 5S 推行问题与对策
□ QCC 品管圈实务
□ 中小企业经营之道
□ 绩效评估兵法
□ 现代物料管理
□ 高阶主管经营训练
□ 供应厂商管理
□ SPC 统计制程管制
□ 生产计划管理实务
□ 如何选人用人育人留人
□ 企业管理表格精选
□ 管理技术
□ 弱者 VS 强者的战略
□ 批发商的战略

□ 班组管理：从优秀到卓越
□ 班组管理：从优秀到卓越
□ 现场制程品质管制实务
□ 企业 ERP 成功之道
□ QC 手法运用实务
□ 企业经营分析手册
□ 有效的选才与面谈技巧
□ TQM 全面品质管理
□ 生产计划与管制
□ 品质管制大全
□ 中阶主管管理训练
□ 经营计划与预算管理
□ 制造业物料管理实务
□ 现场管理实务
□ 企业管理制度精选
□ 漫画管理禅
□ 企业行销管理顾问
□ 零售业的战略
□ 厂商的战略

3. 您对福友书系的评价：

□ 丰富实用　□ 实用　□ 平淡一般

4. 对我们的建议：

感谢您的填写，填写完毕后请传真或邮寄至福友发行部！

厦门市禾祥西路 4 号鸿升大厦 15 层（邮编:361004）
http://www.foryou.tw.cn
电话:0592-2395581（总机）

厦门福友企业管理顾问有限公司
E-mail:xm@foryou.tw.cn
传真:0592-2396530 2395580

优 惠 订 购 单

TO:福友企管发行部　　0592-2396530

读者服务信箱

感谢的话

谢谢您购买本书!

- 用寻宝的方式，将书中的方法与您现有的工作作比较，再融合您的经验，理出您最适用的方法。
- 新方法的导入使用要有决心，事前做好计划及准备。经常查阅本书，并与您的实务工作结合，自是有机会成为“企业大将”。

祝　早日实现!

您可以改变……

- 您是否认为“好东西应与好朋友共享”?订阅本福友企管书系赠送亲友，同享“追求成长”的喜悦。
- 您是否经常为事业的繁忙而烦恼?订阅本书培训下属，自是有机会成为“治大国，若烹小鲜”的主管。
- 与您同行，迈向科学管理之路。本书系中如有疑惑之处，欢迎来函洽询，我们乐于服务。

✂ -

优惠订购

企业名称		E-mail			
地　址				邮　编	
部　门		联系人			先生/小姐
电　话		传　真			

订购书目

书名	定价		单位	ISBN
《生产效率改善实务》	52元	×	本	ISBN7561544556
《班组现场精细化管理》	52元	×	本	ISBN7561543184
《不会说话别当头》	45元	×	本	ISBN7561542125
《班组管理：从优秀到卓越》	55元	×	本	ISBN7561541104
《职场沟通零缺陷》	45元	×	本	ISBN7561539903
《企业财务管理实务》	48元	×	本	ISBN7561538395
《现场制程品质管制实务》	52元	×	本	ISBN7561537817
《如何推动目标管理》	48元	×	本	ISBN7561536483
《高效的生产绩效管理》	60元	×	本	ISBN7561535356
《企业ERP成功之道》	58元	×	本	ISBN7561533123
《员工应有的观念与态度》	45元	×	本	ISBN7561534250
《新产品研发与销售》	48元	×	本	ISBN7561530979
《QC手法运用实务》	40元	×	本	ISBN7561531921
《采购与供应管理》	68元	×	本	ISBN7561532416
《5S推行问题与对策》	60元	×	本	ISBN7561530597
《企业经营分析手册》	100元	×	本	ISBN7561530580
《采购管理》	58元	×	本	ISBN7561530184
《QCC品管圈实务》	40元	×	本	ISBN7561528877
《有效的选才与面谈技巧》	45元	×	本	ISBN7561528426
《IE的运用》	58元	×	本	ISBN7561528464
《中小企业经营之道》	40元	×	本	ISBN7561527139
《TQM全面品质管理》	36元	×	本	ISBN756152675X
《仓储管理》	55元	×	本	ISBN756152627X
《绩效评估兵法》	42元	×	本	ISBN7561525834
《生产计划与管制》	55元	×	本	ISBN7561525176
《实用品质管理》	35元	×	本	ISBN7561524307
《现代物料管理》	52元	×	本	ISBN7561523912
《品质管制大全》	80元	×	套	ISBN7561523459
《工厂管理》	46元	×	本	ISBN7561523394
《高阶主管经营训练》	39元	×	本	ISBN7561523408
《中阶主管管理训练》	39元	×	本	ISBN756152269X
《国际行销》	68元	×	本	ISBN7561522576
《供应厂商管理》	45元	×	本	ISBN7561522320
《经营计划与预算管理》	45元	×	本	ISBN7561522126
《经营分析与企业诊断》	120元	×	本	ISBN756152191X
《SPC统计制程管制》	160元	×	本	ISBN7561521839
《标准工时制定与工作改善》	58元	×	本	ISBN7561520689
《生产计划管理实务》	75元	×	本	ISBN7561519508
《物料管理实务》	75元	×	本	ISBN7561519087
《现场管理实务》	65元	×	本	ISBN7561518994
《降低成本新利器》	56元	×	本	ISBN7561518617
《企业管理制度精选》	580元	×	套	ISBN7561517815
《如何选人用人育人留人》	68元	×	本	ISBN7561517343
《如何推行5S》	52元	×	本	ISBN7561517114
《企业管理表格精选》（书含盘）	348元	×	套	ISBN7561515782
《漫画管理禅》	36元	×	本	ISBN7561515634
《品质管理》	56元	×	本	ISBN7561511787
《管理技术》	78元	×	本	ISBN7561511760
《企业行销顾问》	40元	×	本	ISBN7561520425
精美标语	250元	×	套	
蓝彻斯特战略系列				
《强者VS弱者的战略》	88元	×	套	ISBN7561520883
《零售业的战略》	52元	×	套	ISBN7561520891
《批发商的战略》	60元	×	套	ISBN7561520905
《厂商的战略》	86元	×	套	ISBN7561520913

合计金额：＿＿＿＿＿＿元

▸▸ 利用本订购单订购一律享受 9 折优惠。
▸▸ 培训员工一次购30本或3000元以上 8.5 折优惠。

服务热线:0592-2395581转201、202、204、205
传　真:0592-2396530　2395580
E-mail:xm@foryou.tw.cn　http://www.foryou.tw.cn

付款方式

邮局汇款	厦门市禾祥西路4号鸿升大厦15楼 邮编:361004 厦门福友企业管理顾问有限公司收	银行电汇或转账	户　名:厦门福友企业管理顾问有限公司 开户行:中国光大银行厦门思明支行 账　号:77510188000011121

配合事项

1. 本订购单烦请用正楷填写清楚，务必连同汇款单复印件传真至：0592－2396530
2. 为确保您所邮购的书籍顺利送达，在收到您的传真后，我们将通过邮局挂号寄出书籍，因目前邮路并不十分畅通，您可能需要多等待。如您在30天内未收到书，请您通知我们处理。
3. 保证受益无穷的好书，如您不满意，一个月内可以退书。